サステナベーション

s u s t a i n a b i l i t y

×

i n n o v a t i o n

多様性時代における企業の羅針盤

藤原 遠

Tooshi Fujiwara

日本経済新聞出版

はじめに

「サステナベーション®」とは、いったい何か——。

ほとんどの読者の方々にとって、全く耳慣れないであろうこの言葉は、英語では「Sustainnovation」と表記します。これは、「サステナビリティ（Sustainability）」と「イノベーション（Innovation）」を組み合わせた、筆者による造語です。

本書は、このサステナベーションという考え方、または視座が、これから日本企業にとって一つの経営の羅針盤となっていくのではないかという思いから生まれました。

サステナビリティは「持続可能性」と訳され、ここ数年で誰もが理解する言葉となりました。国連が2015年に採択した、世界各国が達成すべき「持続可能な開発目標」として17項目を掲げたSDGs（Sustainable Development Goals）をはじめとして、サステナブルな社会と環境、経済を作り出す動きは世界中に広まっています。

さらに、2019年末から世界各地に広がり、未曾有の被害を及ぼした新型コロナウイルス感染症（COVID－19）の猛威に遭遇して、世界中の人々が「日々の正常な活動が持続する世界」の重要性を肌身に感じたのではないかと思います。目に見えないウイルスによって、経済や社会だけでなく生命そのものが危険にさらされるという事実に、人々はどう立ち向かっていくべきなのでしょうか。

その答えの一つであり、大きな意味を持つのが、イノベーションではないかと筆者は考えます。新型コロナウイルスの脅威に対し、ヒトの体に抗体をもたらすワクチンを作り出すことができれば、通常のインフルエンザと同様に脅威を軽減できるという専門家もいます。ワクチンを作り出すことを一つのイノベーションととらえれば、その高い重要性を示す例といえるでしょう。

また、同ウイルス禍の中でさまざまな国や地域が都市封鎖（ロックダウン）をした中でも、市民が情報を得ながらとるべき行動を考え、テレワークなどを通じて仕事を続けることができたのも、情報流通の拠り所としてインターネットというイノベーションが生まれていたからこそ、です。世界が今後、サステナブルな社会や環境、経済を目指していくためには、特にIT（情報技術）の分野でさらなるイノベーションを起こしていくことが不可欠になると考えています。

そのサステナビリティを実現するためのイノベーションを「サステナベーション」と定義すると、これは今後80年ほど続く21世紀にとって、非常に重要なテーマになると考えました。これからグローバル社会がどう変化していくかを正確に予測するのは、極めて難しいことと思います。しかし、企業がビジネスを営んでいくうえで、さらには国家が国民や市民に平和と安定をもたらしていくうえで、サステナビリティとイノベーションを「ワンセット」で考えるサステナベーションという視座が今後はいっそう重要になると、筆者は確信しています。

そしてサステナベーションがもたらすものは、持続可能な社会や環境、経済とともに、「誰もがその恩恵に浴することができる」という共生社会の実現も含まれます。2030年に達成を目指している国連SDGsの17目標にしても、「地球上の誰ひとり、取り残さない」ことが重要な指針とされています。

新しく生み出されたイノベーションによって持続可能性が高まった社会を実現したとしても、それが一部の富裕層のみが享受できるものであったり、ごく限られた人のみが実現できたりすればよい、というものではありません。

途上国では、これまで金融機関から融資を受けられなかった人が、ITイノベーショ

ンのおかげで資金を手に入れ、それを元手に貧困から抜け出すことができた例も出てい
ます。また広大な領土ゆえに電話線を引けなかった国では、スマートフォンの登場によ
って誰もが世界中の人々と話せるようになり、インターネットを介して情報をやり取り
したり、ネットバンキングを利用できるようになって生活が向上したりしたケースも見
受けられます。

これなどは、サステナベーションによって多くの人がその置かれた環境や収入状態に
かかわらず共生社会を広げられたことを意味するのではないでしょうか。

筆者は大学の工学部で応用物理学――特にプログラミングと、それを通じた人工知能
（AI）の先がけ（初期）である機械学習などを専攻して、卒業後に日本電信電話株式
会社（NTT）へ入社しました。分割民営化後は株式会社NTTデータに所属し、金融
システム部門に長く携わってきました。その後、代表取締役副社長執行役員となって金
融分野を担当するとともに、欧米分野とグローバルマーケティング分野の担当副社長と
して世界各地を回る経験をさせていただきました。

その道のりを通じて感じたことが、いくつかあります。

世界では、SDGsをはじめとしてサステナビリティを目指す潮流がすでに当たり前

のものとして考えられていること。また、その新しい時代に生まれた若い世代が、サステナビリティの実現と定着に対して非常に意欲的であり、サステナブルな社会を達成するイノベーションを創造する中心の世代となりつつあること。さらに、日本には積み重ねたイノベーションによる技術蓄積と、長い歴史の中でサステナビリティを大切にする伝統と素地があり、それらを発信する余地がまだまだ多いことなどです。

そして今後は、世界だけでなく我が国においても、サステナベーションという視座を持つことが、社会的にも経済的にも評価され、顧客から継続的に選ばれることにもつながるのではないかと考えています。

本書は、サステナベーションという言葉を解説することを通して、ビジネスパーソンの方々、ことに筆者を含めてですが、「既存世代」に属する経営者に、若い世代が伸びていくこれからの世界を考えていくうえでの、大きな示唆とヒントになればと思い執筆しました。

第1章では、サステナベーションという造語を生み出すに至った経緯と、この言葉が包含するテーマや、それを実現していく若い世代についての論考を記しました。

第2章は主に、金融の分野から、サステナベーションが世界にもたらしてきた共生の枠組みが拡大した背景と、その核心となるトラスト（信用）の情勢について解説します。

第3章では、日本におけるサステナベーションの事例を取り上げながら、この言葉が持つ「時代性」について議論を試みました。現在、世界には「プラットフォーマー」と呼ばれるITの巨人たちがいますが、彼らが台頭したその先の世界はどうなっていくのかをテーマに、サステナベーションが新しい時代にもたらす意義を考えました。

第4章は、世界各地で見えてきたサステナベーションの萌芽について、さまざまな企業の事例を分析・考察しました。先端企業によるビジネスモデルを通して、「サステナベーション的な取り組み」のあらましがわかっていただけると思います。

第5章は実践編です。「現在の日本の大企業からは、イノベーションが出てこなくなった」と指摘されることが多いのですが、本業を通じてサステナブルな社会づくりにどう貢献するか。その重要性は、スタートアップやベンチャー企業を多く生み育てていく以上に大きいものがあります。また、日本企業が技術的な蓄積とサステナビリティを大切にする素地があるとする歴史的な側面についても提示を試みました。

そして終章は、筆者自身の経験を振り返りつつ、「日本企業こそサステナベーションを取り入れた事業展開が可能であり、世界的にも活躍できる余地があるのではないか」、との発想を小論としてまとめました。若い世代へのエールだと思っていただければ幸いです。

本書が多くのビジネスパーソンにとって、地球的な規模でサステナビリティを高める一助となるような新たなビジネスを生み出す、またはそこにつながるきっかけとなれば、筆者としては望外の喜びです。

第2章

サステナベーションとトラストが広げる共生社会

第3章

サステナベーションが示す「プラットフォーマー時代の先」の未来

第4章

サステナベーションの萌芽と時代のうねり

第5章

サステナベーションをどう実践するか　139

終章

サステナベーションで日本企業は復活できる　171

装幀・本文デザイン　中川英祐（トリプルライン）

第1章

“サステナベーション”とは何か

ウィスラーで感じた「大きな変化の波」

カナダ西部の大都市バンクーバーから北へ約120キロメートルの山あいにある街、ウィスラー。小さな街ながら北米でも最大級のスノーリゾート地として人気を集めており、2010年にはバンクーバー冬季五輪の競技会場にもなりました。そのウィスラーで19年11月18日、19日の2日間、「New Tomorrow Together Summit 2019」(以下、NTTデータサミット)が開かれました。

世界各地からNTTデータの顧客やアナリストなどをご招待して開く国際的なイベントで、2019年で3度目の開催を迎えました。2日にわたって議論するテーマは、目の前にある短期的なビジネス課題ではありません。10年後以降の中長期を見据えた「未来」がどうなっていくのか、参加者がイメージを持てるようにガイドするのが狙いです。

3度目を迎えた2019年のテーマは「From Scarcity to Abundance (『希少』の時代から『モノがあふれる』時代へ)」でした。

あらゆるモノが不足していた一昔前とは様変わりして、私たちが生きている今の時代は、あらゆる面で「モノがあふれて」います。もちろん今の時代も貧困に直面している地域や人も多くおられます。しかし、世界的にみると新興国でも経済成長が続いた結果、これまで人類が経験したことがないような「モノ余り」の時代に突入したといえるでしょう。

そんな新しい時代に、新たに「価値」となることは何なのか、私たちはいかに振る舞うべきなのか——。このような「問い」を、世界各国から招いた有識者のプレゼンテーションを聞き学びながら、みんなで真正面から考えてみようというのがＮＴＴデータサミットの趣旨です。

議題としては9つのトピック、「エネルギー」「食糧＆水不足」「良いことの意義」「モビリティ」「安心・安全」「レジャー」「健康であり続ける」「社会的関係性」「人類の進化形」を設定しました。いずれも今後10～20年で大きく様相が変わる、または重要度がさらに増してくる分野です。それぞれの専門家を招き、プレゼンターとして登壇していただきました。

「ＧＯＯＤ（『良いことの意義』）」と題した講演をしたアフデル・アジズ氏は、「コンスピラシー・オブ・ラブ（Conspiracy of Love＝『愛の共謀』）」という一風変わった名前の会社を創業した方です。「ＴＥＤｘ」や「ＳＸＳＷ（サウス・バイ・サウスウエスト）」

など、米国で人気プレゼンテーション系イベントでの名講演で知られ、スタートアップから大企業まで「企業の利益を上げながら善なる取り組みを実施する」ことをコンサルティングしています。

そのアジズ氏は講演で、「企業が良い目的を持つこと」の意義を強調しました。同氏は自社で「チーフ・パーパス・オフィサー（Chief Purpose Officer＝最高目的責任者）」の肩書きも持っており、いかに良いことを目的とすべきかを日夜考えている方ですが、こんな例を挙げました。

「アディダスは海洋プラスチックごみの削減に取り組んでいるが、それを慈善活動ではなく事業活動の一環として成し遂げようとしている」

どういうことかというと、アディダスは海洋に破棄されたプラスチックごみを再利用して、誰もが欲しくなる格好いいシューズを製品化する。そのシューズが売れれば売れるほど、海洋プラスチックごみが減っていく、という「仕組み」で利益を上げながら社会課題である海洋プラスチックの削減を進めていっている、というのです。

さらに、筆者自身が「うーん」と唸らされたのが、「安心・安全」を担当したカレン・エラザリ氏の講演でした。大学時代にプログラミングを覚え、卒業後にシステムエンジニアとして仕事を始めた経験からみても、興味深い内容だったからです。

エラザリ氏はイスラエル生まれのサイバー・セキュリティ・アナリストであり、テルアビブ大学学際的サイバー研究センターの上級研究員として「テクノロジーとハッカー」や「ホワイト・ハッカーの社会的影響」を世に問うている方です。

ハッカーというと、複雑さをどんどん増していくインターネットの世界で、その脆弱性を衝いてさまざまな問題や悪影響を及ぼすとして煙たがられてきた存在です。

しかし、エラザリ氏は「ハッカーが世界の脆弱性を露呈させてきたことが、さらなる技術の進歩をもたらしてきたという背景もある」とし、善なる目的＝さらなる技術の進展による「より良い世の中と未来」を作るために、脆弱性を暴く「フレンドリー（ホワイト）・ハッカー」を育成し活用すべきだというコンセプトを提唱しています。

そんな信念を持っているエラザリ氏は講演で、サイバーセキュリティを管掌する米国防総省の外局である国家安全保障局（ＮＳＡ）が主催した「ハッキング大会」について言及しました。悪質なハッカーを目の敵にしてきた国防総省が、最も活用したいのがハッカーの手法によるセキュリティホール（抜け穴）の改善です。

エラザリ氏は「ハッキングを防ぐことは無理であることを前提としなければなりませ

ん。未来のサイバーセキュリティを高めるために、子どもたちを良いハッカーになるように導く必要があります」と、講演で訴えました。

NTTデータはグループ・ビジョンの実現に向けた共有すべき3つの価値観として、「クライアント・ファースト（Clients First＝お客様を第一に考える）」、「チームワーク（Teamwork＝仲間とともに達成する「自己実現」を大切にする）」とともに、「フォーサイト（Foresight）」を掲げています。フォーサイトとは、「先を見越す力」「次に何が起こるのか予見する力」「未来を読む力」などのことです。過去10年もそうでしたが、これからの10年も、先がますます見通せなくなる、不確実性の高い時代だといわれています。

そこに生きる私たちこそ、今まさに大きな変化の波にさらされている真っ最中なのだということもできます。

「サステナビリティ×イノベーション」が不可欠な時代に

今回のNTTデータサミットには多くの顧客やアナリストらが参加しました。フォーサイト＝これから起こるであろう変化を予見するためには、いろんな視点から未来を見つめ、静かな環境でじっくり考えることも必要だろう、との思いから、冬季シーズン前のウィスラーという静かな街を開催地に選びました。雪の季節が迫る静かな山あいの街で、現在の変化と未来について考える質の高い時間を持てたことは、筆者自身も格別の満足感が得られましたし、また参加した皆様からも高い評価をいただきました。

9つのトピックは大きく3つのカテゴリーに括《くく》られていました。1つ目が地球全体に関する「エネルギー」「食糧&水不足」「良いことの意義」、2つ目が都市レベルで考える「モビリティ」「安心・安全」「レジャー」、そして3つ目が人間に関すること「健康であり続ける」「社会的関係性」「人類の進化形」です。

それぞれの専門家によって展開された講演を聴きながら、これらのカテゴリーとトピックに横串を刺したかのように通奏低音として流れていたのは、やはり「サステナビリティ（Sustainability）」であり、それを実現するための「イノベーション（Innovation）」である、と筆者は考えていました。

サステナビリティとイノベーションを組み合わせた「サステナベーション（Sustainnovation）」という言葉を筆者が思いついたのは、NTTデータサミットよりずっと前のことでした。しかし当初は、「サステナビリティ」という言葉が現在のように広く流布するような時代が来るとは思っていなかったのです。

しかし今や、サステナビリティは「持続可能性」という、日本語としてあまり熟《こな》れていない感覚を残しながらも、誰しもが使う言葉となりました。サステナビリティという言葉は、２０１５年に国連が「Sustainable Development Goals（持続可能な開発目標）」として17の目標と１６９のターゲット（達成基準）を定め、同年9月の国連総会で先進国・途上国を問わず「２０３０年に向けた具体的行動指針」として採択したことで、広く人口に膾炙《かいしゃ》するものとなりました。この「Sustainable Development Goals」は「ＳＤＧｓ《エスディージーズ》」という言葉となって、今ではほとんどの人が理解する言葉になっています。人間が大きく関わっている「社会」「環境」「経済」といった領域で、短期的な利益のみを考えるのではなく、長く永久的に続いていくこと＝持続可能性（サステナビリティ）を意識した取り組みが求められています。

というのも、地球上でしか生きていけない私たち人間が、現在だけでなく将来の世代にとっても健康的で安定した質の高い暮らしを持続させていくには、「今なんとかしなければならない」という転換期にあるからなのでしょう。

国連が採択したSDGsの17の目標

地球人が将来にわたって生きていくうえで、サステナビリティが脅かされている領域が現実としてある、というのがその理由です。人口増加に伴う食糧問題、環境の悪化、資源の枯渇、気候変動、教育や医療の格差、金融排除などなど、非常に複雑かつ複合的に絡み合った問題が、広範な分野で山積みとなっています。

さらに現代は、テクノロジーが急速に発展したことを受けて、ITの領域でもAIやロボットの急激な進化が起こり、生身の人間との持続的な関係性を保ち続けていけるのか、と懐疑的な論調も出始めています。すでに現在、世界の経済活動で大きな影響力を持っている巨大IT企業——「GAFA」または「ビッグ・フォー」と呼ばれる米国のグーグル（Google）、アマゾン・ドット・コム（Amazon.com）、フェイスブック（Facebook）、アップル（Apple）がグローバルで情報や物流・商流を握るようなプラットフォーマーとして登場しており、これらに対する規制が必要だとの意見を持つ人々も台頭してきました。

気候変動もまた、人類にとって大きな試練になり始めているとの指摘もあります。2019年に日本列島を襲い、各地で大きな被害を残した台風19号（ハギビス）も、気候変動や地球の温暖化によって巨大で強力になったとみる専門家が多くいたのを皆さんもご記憶のことでしょう。このほか、オーストラリアで続いた大規模な森林火災も、気候変動の影響が色濃いとされていました。

森林火災をめぐっては、米国でこんな事例もありました。カリフォルニア州の電気・ガスを担っていたパシフィック・ガス・アンド・エレクトリック・カンパニー（Pacific Gas and Electric Company＝PGEC）とその親会社であるＰＧ＆Ｅコーポレーションは2019年1月14日、連邦破産法11条（チャプター11）の適用を申請する準備に入ったと発表しました。ウォール・ストリート・ジャーナル（ＷＳＪ）は、同年1月18日付で、「ＰＧ&E、気候変動によって最初に経営破綻した企業――そして、これは最後ではない」との見出しで、詳細な解説記事を出しました。

カリフォルニア州では近年、温暖化によって乾燥が進んだため、大きな山火事が何度も起きていたというのです。その原因の一つが「ＰＧ＆Ｅにある」と指摘されていました。一例が、２０１７年に発生した山火事のうち、11件については「ＰＧ＆Ｅによる送電線周辺の植生管理に問題があったことが原因」と州政府が判断していたのです。植生の管理を怠ったとして、３００億ドル（約3兆２４００億円）という巨額の賠償金を払う事態となり、これがＰＧ＆Ｅの経営破綻の引き金になったとＷＳＪは解説しました。

「持続可能性」＋「共生」こそ、サステナベーションの真価

筆者自身は、「サステナビリティ」という言葉には持続可能性という意味の枠を超え、社会を持続させるために「共生を実現する」という、より広い意味があるのではないかと考えています。社会を持続させるために「共生を実現する」こともサステナビリティの大きな意義ではないかと思うのです。

古《いにしえ》から人と人は対面できる範囲で、互いにトラスト（信用）を醸成しながら、その範囲を少しずつ広げていくことで徐々に共生社会を形成してきました。しかし今では、

例えば銀行と銀行などを結ぶ金融ネットワークのような大きな仕掛けがなくても、テクノロジーを通じて共生社会を大きく拡大することが可能になってきました。

一例が、SNSを通じて広がる人脈がもたらすトラスト関係です。テクノロジーによって人々がつながり、誰かを応援するためにクラウド・ファンディングなどで資金を提供したり融通しあったりすることが可能な時代になりました。共生社会の拡大を実現する新たな基盤、つまり社会インフラがテクノロジーによってもたらされ、リアルな実体社会や経済に影響を与える力を持ち始めたのです。

ただ、人と社会とのつながりの中でITの存在感が高まれば高まるほど、「人とIT」の関係性をよりいっそう真剣に考えなければならなくなってきました。

これまでも科学技術の発展によって、人類は大きな恩恵を受けてきました。しかし、その人と技術の関係性はまっすぐ一本道を進むかのように発展してきたものではなく、振り子のように「楽観」と「悲観」の間を行き来しながら、螺旋を描くようにじわじわと上っていったのではないかと、筆者は考えています。

科学技術を万能とする楽観的な考えから、航空機の墜落や原子力発電所の事故などのような数多の不幸な事象が引き起こす悲観的な考えとの間で、人々は悩み、新たな知恵を世界中で出しあいながら「人と科学技術」との共生を進化させてきました。

その科学技術の中でも、インターネットを活用するITは、指数関数的（エクスポネンシャル）な速度で進化する点で、これまでの技術とは異なる特性を持っているといえます。私たちはその影響を否応なしに、絶え間なく受け続けています。

例えば、「メディアで報じられていた」「SNSで『いいね！』がたくさんついている」「口コミの点数が高い」などなど、「一度も出会ったことのない誰か」が発信した意思や見解がマジョリティ（大勢）を形成して実体経済に影響を与えることも、しばしば起きています。近年、話題の「フェイクニュース」などもそうですが、多くの情報はその真贋（本当か嘘か）がほとんど検証されることなく、人間の判断に大きな影響を及ぼすケースが増大しています。

こうした状態が頻発すると、テクノロジーの進化・発展を否定する、もしくは排除(exclusive）するような人も多く現れてきます。それが行き過ぎると、結果として我々の社会はクローズド（閉鎖的）な集合体となる可能性さえあります。

テクノロジーに過度に依存したイノベーションは、人々の認識の変化を誤った方向に大きく変化させるかもしれない点に留意すべきでしょう。しかし、エクスポネンシャルに急激に伸びるＩＴを含めて、あらゆるテクノロジーは人類の進化に寄与してきた歴史的経緯があります。

国・地域ごとに異なる社会や経済をめぐる環境が、それぞれに独自の時代感を生み出してきました。その中で、新しいものと古いもの、楽観と悲観、建設と破壊、急進と漸進といった、相反する視点を乗り越えながら、人と人とが、また人と社会・環境・経済が互いに共生しあえる「理想的な均衡点」に向かうまでのプロセスを、粘り強くこなしていかなければ新たな進歩は達成できません。

それには長い時間が必要です。そこで求められるのが「共生を持続させていくこと＝サステナビリティ」なのではないでしょうか。

また、そのサステナビリティを実現するためには、食糧問題、環境の悪化、資源の枯渇、気候変動、教育や医療の格差といった、サステナビリティを脅かす諸問題を解決するためのイノベーションが必要不可欠なのです。

サステナベーションが日本と世界にもたらす大きな価値

サステナビリティとイノベーションが両輪となって、それぞれが互いの欠点を補完し、長所を引き立てていくことができれば、私たち人類の生活は末長く発展し、豊かになっていくのではないか――。

筆者のそんな発想から生まれた言葉が「サステナベーション」です。本書はこのサステナベーションをキーワードに、日本企業がサステナビリティの実現を通じて世界で貢献できる力を持つにはどうすればよいか、を探っていくのが狙いです。

国連がサステナビリティを実現するために採択したSDGsは今や、世界中の企業が取り組むべき「グローバル・アジェンダ」となった感があります。これによって各企業の事業への取り組み方にも変化が見られるようになってきました。2018年7月には、日本経済団体連合会（経団連）が日本企業の取り組みを後押しする「KeidanrenSDGs」(https://www.keidanrensdgs.com/) というウェブサイトを立ち上げました。狙いは、経団連の会員である国内の大手主要企業のみならず、さまざまな企業体とSDGsの17項目の目標を達成することで、成長戦略の推進、経済構造改革の推進、持続可能なエネルギー・環境政策の実現、民間経済外交の展開という4つの重要課題に取り組もうとしています。

近年、「日本企業からイノベーションが起こりにくくなった」といわれています。自動車産業は世界市場をまだまだリードしているものの、かつては世界に覇を唱えた半導体産業が退潮し、家電製品分野でも勢いを失って中国、韓国勢にその地位を取って代わられた状態です。

一方で、イノベーションは大企業では起こりにくく、ベンチャーでは起こりやすいというのは本当でしょうか。確かに、スタートアップやベンチャー企業は、その成り立ちの性質上、「新しいことにチャレンジをするのみ」という気概に満ちあふれているのが当たり前です。そのチャレンジからイノベーションが起こりやすいことも納得のいくところで、特に「小さな正しい失敗」を繰り返しては次の成長への糧にしていく志向性は、小回りの利きにくい大企業では難しい面もあり、見習う部分もあるといえます。

かつては銀行からの融資など資金の調達が、トラスト（信用）を醸成しにくかったベンチャー企業では難しかった面があったと思います。しかし、現在ではテクノロジーの利用によって「若い」企業でもトラスト（信用）を形成しやすくなっており、昔と比べて資金も集まりやすくなりました。結果として資金を使ったイノベーションという点でも、ベンチャーは大手と変わらないくらいの条件を持つまでになっています。

ただ、日本の大手企業も大きく変化してきました。かつては雇用流動性がないといわれた日本企業ですが、最近では社員に副業を認める大手企業が増えつつあります。大企業がベンチャーと連携する例も一般的になってきましたし、一度は辞めて独立した元社員を改めて迎え入れるケースも増えています。筆者の大学時代の後輩は、いったんは大企業に入社したものの、その後ベンチャーへの転職で大いに迷った末に「勇気を持って移籍した」と言っていました。

一昔前の大企業では、転職して出ていく社員に対しては「裏切り者」だとでもいうような思いを抱く社員が少なからずいたと思います。それが今や、ほとんどいなくなってきました。これは人材の流動化という観点からすると、極めてポジティブな変化といえるでしょう。

大企業はその資金力を活かして、自社が長きにわたって磨いてきた技術を積み上げながら、継続的にイノベーションを生み出していく取り組み方ができます。つまり日本では、大企業であってもベンチャーであっても、それぞれの置かれた環境に応じて、規模の大小にかかわらずイノベーションを実現していくことが可能な社会になりつつあるのです。

ジェネレーション間の「意識」の違いが際立つ時代

日本では最近、大学を卒業(大学院を修了)しても、大企業には就職せずにスタートアップを立ち上げる(または入社する)例が増えていると報道されています。

もちろん、大企業への就職を希望する学生がまだまだ圧倒的に多いのですが、「既存の組織では、やりたいことが制限される」「自分の持ち味を活かせない」と考えている人が増えているのは間違いないでしょう。

ただ、そこには世界的に(特に先進諸国で)大きな傾向となって表れている、世代間の「価値観の違い」が特徴的に目立ってきた面もあるのではないでしょうか。

ここでは、世代(ジェネレーション)間を大まかに区別する方法として、①1940年~59年生まれの「ベビーブーマー」、②60年~79年生まれの「X世代」、③80年~94年生まれの「Y世代」、④95年~2010年生まれの「Z世代」の4つに分けて、その特

世代の価値観

	B ベビーブーマー 1940-59年 生まれ	X X世代 1960-79年 生まれ	Y Y世代 （ミレニアルズ） 1980-94年 生まれ	Z Z世代 1995-2010年 生まれ
文脈	●戦後 ●独裁と抑圧	●政治的移行 ●資本主義と成果主義の支配	●グローバリゼーション ●経済的安定 ●インターネットの登場	●流動性と多元的現実 ●**ソーシャルネットワーク** ●デジタルネイティブ
行動	●理想主義 ●変革的 ●社会主義的	●物質的 ●競争的 ●個人主義的	●**国際人** ●懐疑的 ●自己中心的	●**多様性** ●つながることを求める傾向のある人 ●対話する人 ●現実的
消費性向	●観念的 ●アナログレコードと映画	●ステータス ●ブランドと車 ●奢侈品	●経験 ●祭礼と旅行 ●フラッグシップ	●ユニーク ●無制限 ●**倫理的**

出典：Mckinsey&Company資料を参考に筆者作成

徴を考察してみましょう。

第二次世界大戦後の前後に生まれ、日本では「団塊の世代」と呼ばれたベビーブーマー世代は、「大手企業で安定して働くこと」によって「自宅（一戸建てや団地）やモノを購入するための消費活動」を行うことを優先してきた世代でした。日本では戦後、昭和の働き方を体現してきた世代といえるでしょう。その旺盛な消費意欲が向かった代表的な商品は、ドライブやレジャーのための自動車であり、テレビをはじめとした「三種の神器」。社会的な通信手段は郵便や電話が主流でした。

次のX世代になると、様相が少し変わってきます。ベビーブーマーの消費行動を世代的には引きずりながらも、就業形態としては「ワークライフバランス」を重視する層が増え、消費する商品の代表もパソコンなどのデジタル系の機器に向かいました。通信手段も、郵便や電話からやがて、電子メールやSMS（ショートメッセージサービス）など初期のパソコン通信や携帯電話を利用したものへと移行していきました。

続くY世代は、米国では「ミレニアルズ」と呼ばれることが多い世代です。この世代になると、就業形態ではいっそうのワークライフバランスを重んじ、「自由と柔軟性」を一段と求めるようになります。これまでより世界的な視線で自分の属する社会を眺める「グローバリスト」的な傾向が強くなっており、消費の向かう先もスマートフォン（スマホ）やタブレット端末がメインになっていきました。通信手段もメールやSMSに加えて「SNS（ソーシャルネットワーキングサービス）」が登場し、オンライン系が主流になっていったのです。

そして今、Z世代と呼ばれる若者たちが、新たな傾向を世界的に生み出しています。

米マッキンゼー・アンド・カンパニーの調査では、Z世代は就業を含む生活スタイル全般に「定義されない個人（Undefined ID＝多様性を認める傾向）」が強いとし、さらに「倫理性（Ethical）」をも重視することを大切な価値観と考えている、と分析しています。このZ世代を代表する商品はスマホから先へと進み、仮想現実（ＶＲ）端末や３Ｄプリンター、自動運転車のような未来型のシステムを「購入するのではなくシェアする（シェアリングエコノミー）」傾向へと向かっているようです。

Z世代はまた、いわゆる「デジタルネイティブ」ともいわれ、生まれた時からデジタルな環境に入り込んでいるために、それ以前の世代に比べてデジタル・コミュニケーションに違和感がありません。それゆえでしょうか、「ユーチューバー（YouTuber）」になりたいと考える人が増え、「TikTok」のような動画メディアで自らの映像を気軽に配信するなどのコミュニケーション手法にも、ほとんど抵抗感がないように見えます。

実際に、Y世代やZ世代では「多様性」「倫理性」に対して価値を置くことが、その前の世代よりも重要になっているとの調査もあります。米ピュー・リサーチ・センター（Pew Research Center）の調べによると、「人種や民族的な多様性は社会に良い影響をもたらすか」との質問に対し、Y世代とZ世代は60％以上が「イエス」と回答。これが

Y/Z世代の価値観（多様性）

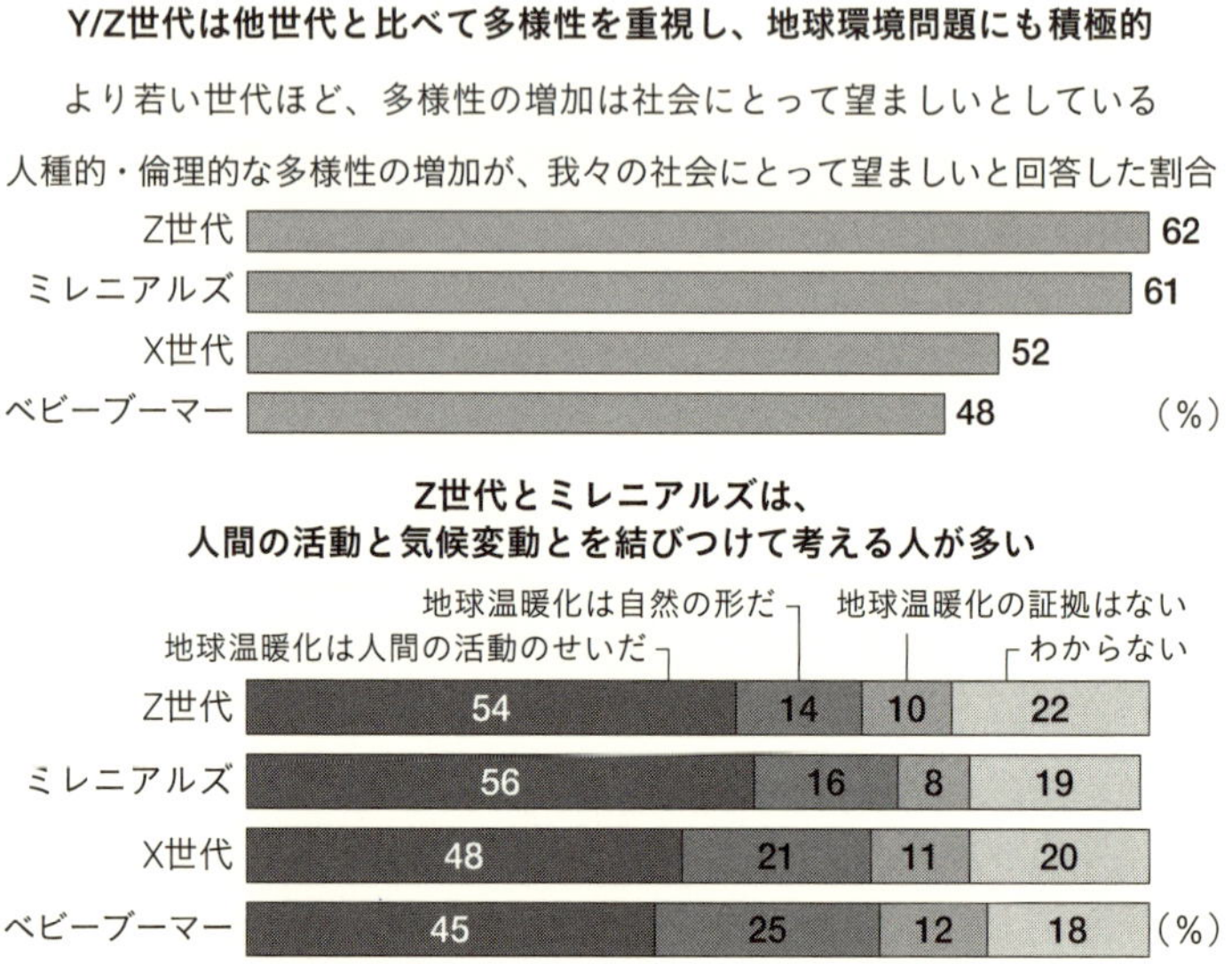
Y/Z世代は他世代と比べて多様性を重視し、地球環境問題にも積極的
より若い世代ほど、多様性の増加は社会にとって望ましいとしている
人種的・倫理的な多様性の増加が、我々の社会にとって望ましいと回答した割合
Z世代 62
ミレニアルズ 61
X世代 52
ベビーブーマー 48
（％）
Z世代とミレニアルズは、
人間の活動と気候変動とを結びつけて考える人が多い
地球温暖化は人間の活動のせいだ
地球温暖化は自然の形だ
地球温暖化の証拠はない
わからない
Z世代 54 14 10 22
ミレニアルズ 56 16 8 19
X世代 48 21 11 20
ベビーブーマー 45 25 12 18
（％）

出典：Pew Research Center資料（https://www.pewsocialtrends.org/2019/01/17/generation-z-looks-a-lot-like-millennials-on-key-social-and-political-issues/）を参考に筆者作成

X世代だと52％、ベビーブーマーだと48％に低下します。また、「人間の活動と気候変動は関係しているか」との問いに、Y世代とZ世代は半数以上が「人間の活動のせい」と答えたのに対し、X世代より前の世代では半数以下だったとのことです。

また、特にZ世代では自身が働いたり商品を購入したりする際に、単なるブランドや知名度だけで選ぶ傾向は少ないとの調査もあり

Y/Z世代の価値観（倫理観）

Z世代が企業選択をする際（購入・労働）、
経済活動以外が重要な判断軸となっている

企業に対応してもらいたい問題

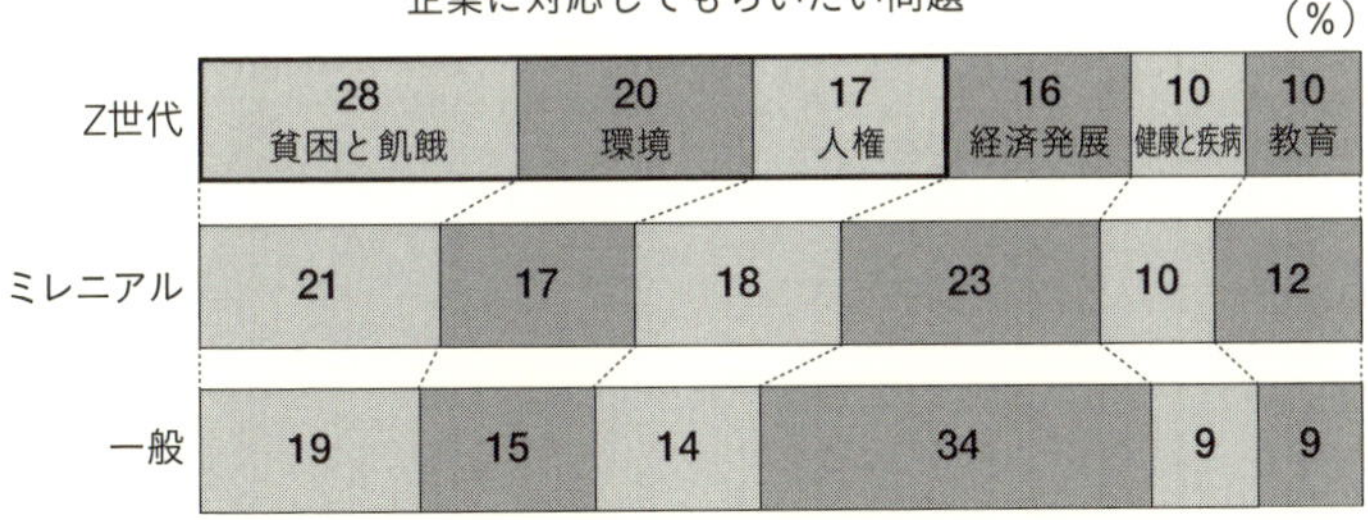

出典：Cone Communications「2017 GenZ CSR study」（https://www.conecomm.com/2017-cone-gen-z-csr-study-pdf）を参考に筆者作成

ます。Z世代は、企業がSDGsの17項目にも入っている「貧困・飢餓の撲滅」「環境保全」「人権保護」に配慮している企業を選ぶ傾向が顕著に見て取れるという調査結果もあります。

世代間で異なる価値観を強調する有力経営者も、Y世代（ミレニアルズ）には現れました。その代表がフェイスブックの創業者でCEO（最高経営責任者）のマーク・ザッカーバーグ氏です。彼は2017年に自身が中退した米ハーバード大学の卒業式でスピーチをしました。この時の30分のスピーチの中で「ジェネレーション（主に卒業生たちミレニアル世代を指して）」を計16回も使って、「他の世代との違いをみせていこう」と檄《げき》を飛ばしたのです。

ザッカーバーグ氏はミレニアルズの取り組むべきこととして、①大規模で意義のあるプロジェクトに一緒に挑戦しよう、②平等性とは何かを再定義し、誰もが自由に生きがいを求められるようにしよう、③世界規模のコミュニティを作り出そう——と、自身と同じミレニアル世代の卒業生に語りかけました。

世代差を活かして新しい日本経済を構築するには

筆者を含めて、日本であれば昭和と平成で人生のほとんどを過ごしたベビーブーマーやX世代の考え方は、新しい価値観を身にまとい始めた若者たちとは大きな差があることを、認識しなければならない時期に来ています。戦後の高度経済成長に対応することが土台となっている今の日本のさまざまな制度は、若い世代にとって受け入れにくいだけでなく、もはや重荷になっている可能性があります。これは企業でも同様で、昭和的な働き方を構造的に温存している大手企業は、生産性が顕著に低下しているとする調査もあります。

この問題は、「ユニコーン」と呼ばれるような有力なスタートアップやベンチャー企業ばかりを創出するだけでは解決になりません。日銀が調べたところでは、米国が1995年以降に収益性を高めて生産性を大幅に改善できた背景には、古い構造のまま変われなかった大企業が退場した一方で、既存の上場している大企業がその経営構造を

労働生産性の上昇要因

労働生産性の上昇は、既存上場企業分が大半を占めている

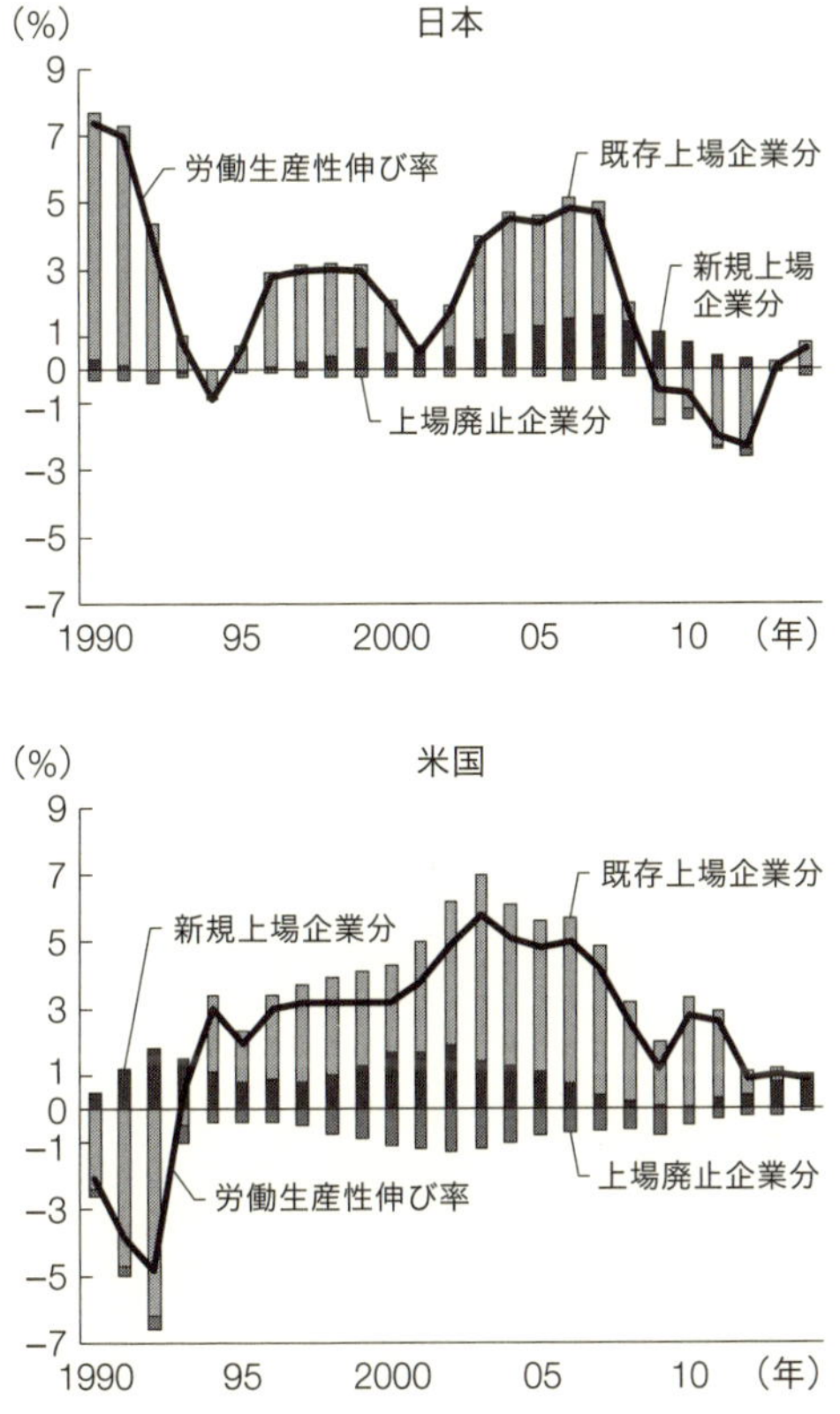

出典：Bank of Japan Large Firm Dynamics and Secular Stagnation: Evidence from Japan and the U.S.c

大幅に転換して新しい時代にふさわしい体制を構築したことが最も寄与したという調査もあります。

日本企業はこの自社内の構造改革という点では、まだ道半ばです。その改善を進めるうえでも、「サステナビリティを生み出すイノベーション」＝「サステナベーション」という考え方を取り入れる余地はあるのではないかと考えています。

サステナベーションに取り組むために、次の3つの視点を提案したいと思います。

視点①：「社会をより良く」がゴールであること＝現在、顕著になっている社会問題（SDGsなどで取り組みが推奨されているもの）を解決すること

視点②：テクノロジー（特にIT）やイノベーションによって実現できること＝ITやテクノロジーをうまく活用しながら新しいイノベーションを生んでいくこと

視点③：取り組みに「持続できる仕組み」があること＝「三方よし」のように、「共生」を実現し維持できる仕組みを作り、「不正」がなく「不信」を生まないよう監視すること

サステナベーションの取り組み方（=「視点」）

サステナベーションの取り組み方（＝視点）として、3つの視点を設定

視点1：「社会をより良く」がゴールであること

→“共生社会の実現・拡大”

- すでに顕在化している社会問題（SDGsなど）の解決
- ITの発展・普及による弊害の解消

SDGsでいわれるような「持続可能な世界を実現するための目標」の達成は大きな要素。

加えて、ITの発展と普及の弊害に立ち向かうという要素も重要なポイント

視点2：テクノロジー（特にIT）やイノベーションによって実現できること

- テクノロジー（≒IT）がうまく活用されている
- テクノロジー（≒IT）の存在なくしては実現できない

サステナブルだけではなくイノベーションの要素が必要で、その中でも特にIT活用の“要素”が重要

視点3：取り組みに「持続できる仕組み」があること

→共生を実現・維持する仕組み

- 三方よし（継続できる儲けも必要）
- 「不正」の監視（「不信」の防止）

「本業での社会貢献」が重要
⇒自身の儲けも含めた全方向の利益が評価のポイント
また、継続（持続）するための仕組みであっても、1つの「不正」がそれを破壊しかねないため、その予防（回避）も持続性評価の一要素になると考えられる

出典：筆者作成

これらを実現するために、日本という国はどういう位置にあるのか、そしてどのような事例をサステナベーションの参考例としていけばよいのか、次章から検討していきます。

第2章

サステナベーションとトラストが広げる共生社会

イングランド銀行の新機軸を示唆する新リポート

2019年6月、英国の中央銀行であるイングランド銀行（バンク・オブ・イングランド＝BOE）が、一つのリポートをまとめました。題して「フューチャー・オブ・ファイナンス（The Future of Finance＝金融の未来）」。これまで日本のメディアなどでもあまり取り上げられていないリポートですが、中央銀行がまとめたリポートとしては時代の重要な転換を示すものでした。

リポート編纂の中心人物は、マーク・カーニーBOE総裁の上級顧問の一人であるヒュー・ヴァン・スティーニス（Huw van Steenis）氏。1969年生まれの英国人銀行家であり、現在はスイスの金融大手UBSのシニア・アドバイザーに就いています。

スティーニス氏を中心としたチームは、世界各地の投資家やテクノロジー企業の経営者、消費者団体、財団、各地のビジネスリーダーと、のべ300回に及ぶインタビューやディスカッションを実施。そして「これからの金融機関の新しい役割」について考察を深耕しました。

その結果をまとめた「フューチャー・オブ・ファイナンス」は約150ページにわた

る長めのリポートとなりました。世界で現在も絶え間なく進み続けているデジタルテクノロジーがもたらす社会変革に対し、イノベーションを促して業界の競争を高めることを推奨したものです。

一方で、今後見込まれる人口動態の変化や気候変動などが地球にもたらす新しいリスクに対して、「金融機関が変化を支援する主体となるべきだ」と進言しています。

金融から始まるサステナベーションの可能性

本書では、社会・経済・環境の持続可能性＝サステナビリティをＩＴ中心の技術的イノベーションによって担保し、社会のさらなる共生の度合いを高めていくことを、「サステナベーション」と定義しています。そして前述のリポートは、サステナベーションが金融の世界から大きく広がっていく可能性を示唆するものとして、筆者は大いに注目しました。これを一国の中央銀行がまとめたのですから、サステナビリティをめぐる世界の動きの速さに驚きを禁じえません。

同リポートの特徴はどこにあるのでしょうか。大きく3つを指摘できると思います。

①過去から続く従来型の世界観ではなく、あくまでデジタルが一般に普及してコネクテッドな社会（共生社会）が実現し、新たなリスクや課題が発生することを前提とする。その前提に立って、銀行などの金融機関が社会変革を支援するポジションに立ち、その立ち位置から社会と銀行が繁栄するために何ができるかという顧客本位の世界観にシフトすることを提言している

②単にデジタルテクノロジーが導く世界観ではなく、それが社会に普及したことによる人口動態や気候変動などの要因と合わさって顧客の金融産業への期待がどのように変化するかという視点で検討されている

③銀行自体がリポートを検討した主体ではなく、中立な第三者による検討が加えられている

①については、これまでの金融システムの延長線上でデジタルエコノミー社会をとらえる発想を捨てて、デジタルテクノロジーによって多くの人がつながった共生社会の拡大を前提として、新しい世界観にシフトすることを重視したものです。

②については、単なる地域国家を超えて、金融でもデジタルテクノロジーを使って地球規模でサステナビリティを高めていくことを促すものです。これはまさにサステナベーションの発想と軌を一にするものだといえるでしょう。

最後の③についても、これまでのように銀行を主体とした金融システムのあり方から脱却して、第三者の視点を入れることで中立かつ公正な、そして将来の実用性を追究するために行動したことを主張するものでしょう。スティーニス氏を中心としたチームが、世界の投資家や経営者、ビジネスリーダーらと300回にも及ぶ討議を重ねてまとめ上げた苦労がしのばれます。

つまり、デジタル社会がもたらすニューエコノミーを享受しながら、さらに低炭素社会などのサステナビリティをより高度に実現するためには、「金融」が経済の変化にしたがって果たすべき役割があるというのです。しかも、低炭素経済へと移行するには投資が必要なことも指摘しています。その投資が新しいテクノロジーによるイノベーションを誘発するようにするために、金融には効率性と低コストが求められると論じています。

加えて、リポートの提言先である英国とBOEに対しては、欧州連合（EU）からの離脱などにより金融取引のハブとしての役割が変化することも指摘し、中央銀行のあり方も変化を迫られると提言しています。

具体的な提言としては、次のような優先項目を打ち出しています。

・デジタル経済の浸透を支援する
1：新しい経済に適合する決済システムを作る
2：金融インフラを通じてイノベーションを促進する
3：標準化とプロトコル（規格）を用いてデータ経済を支援する

・社会の大きな変革を支援する
1：ファイナンス分野の世界標準を確立する
2：低炭素社会へのスムースな移行を支援する
3：人口動態の変化を受け入れる

・金融の復元性（レジリエンス）を強める
1：進化するリスクに対して金融システムにセーフガードを導入する
2：サイバーリスクへの防御をいっそう強化する
3：デジタル規制を導入する

これは英国の中央銀行であるイングランド銀行への提言という形で示されたものですが、これからのデジタルテクノロジーがもたらす変化を、金融の面から支援していくという点では、世界的に見ても各国の指針となる内容が多く盛り込まれていると考えることができるでしょう。

そして世界はすでに、サステナベーションの発想を内包したこのリポート「フューチャー・オブ・ファイナンス」の視座に立って歩み始めているのです。

サステナブル金融が企業のSDGs経営をバックアップ

参加した聴衆は前の年に比べ33％増の6万人。41カ国・地域から集まってブースを出展した企業は同2倍超の1000社以上。

世界最大級のフィンテック展示会「シンガポール・フィンテック・フェスティバル（SFF）2019」が2019年11月9日〜13日、シンガポールで開かれました。フィンテックとは「Finance（ファイナンス）」と「Technology（テクノロジー）」を掛け合わせた言葉で、「金融と情報技術の融合」を意味するものとして、今では広く使われるようになっています。

そのSFF2019でのメインテーマであり最重要アジェンダとして設定されたのは「サステナブル金融」でした。

そもそもサステナブル金融とは、どんなことを指すのでしょうか。

国連でのSDGs（持続可能な成長目標）の採択を受けて、その実現には「資金的なサポートが不可欠である」と早くからサステナブル金融を模索してきた欧州委員会（EC）は、次のように定義しています。
①持続可能な成長を実現するために資本の流れをサステナブル投資に振り向けること
②気候変動、資源の枯渇、環境の悪化、社会課題から来る財務リスクを管理すること

③金融と経済活動における透明性と長期主義を育むこと

シンガポールで開かれたSFFは、このサステナブル金融をフィンテック＝テクノロジーの力で発展させようとのテーマで、多くの当局担当者や有識者が講演をしました。基調講演に立ったシンガポール金融通貨庁（MAS）のラビ・メノン（Ravi Menon）長官は、「フィンテックこそがサステナブル金融の発展を担う」と強調し、そのフィンテックが一段の飛躍を見せるためには①デジタルインフラの構築、②イノベーションの促進、③コラボレーションの促進、④イノベーションを促進するための規制対応（緩和策）、⑤投資家のファイナンシング（投資先とのマッチング）の5つが重要である、と話しました。

一方、MASのボードメンバーにも名を連ねるシンガポールのオン・イエ・クン（Ong Ye Kung）教育相は「サステナブルな社会のためのグリーンファイナンス」と題して講演しました。「グリーンファイナンス」もSDGsにとって重要な意味を持つものです。空気や水・土の汚染を除去したり、温室効果ガスを削減したりといった「地球の環境に良い効果を与える投資への資金提供」を意味します。

オン教育相は、シンガポール政府として「グリーンファイナンスのソリューションが世界一豊富なマーケットとして開発を一段と進める」と宣言し、「グリーンボンド」という債券の発行をさらに増やすことを約束。シンガポールは２０１７年、18年の2年間で60億シンガポールドル（約４８００億円）のグリーンボンドを発行済みだそうです。

さらに「グリーンローン」の推進や、すでに設立した「グリーンファンド」（20億米ドル規模）の活用を企業に促すほか、教育機関と連携して金融産業の分野で「グリーンケイパビリティ（グリーンファイナンスの実行力）」を高められる、グリーンファイナンスのプロフェッショナルを育成していくとの抱負を述べました。

また、各地で発生する災害を「金融リスク」として認識し、災害リスクに関連する新たな保険商品の組成を支援するため、ＭＡＳは保険商品を組成する金融機関のリスクヘッジを目的として、保険商品の「証券化（リスクヘッジ対応）」に資金を投じていくと語りました。

このグリーンファイナンスは確かに世界で急速に拡大している金融分野です。グリーンプロジェクトへの投資を目的に国や自治体が発行する公債や民間企業が発行する社債といった債券（ボンド）の推移を見てみましょう。

２０１３年の世界での発行総額は１１０億ドル（以下、米ドル）でしたが、14年には３倍強の３６６億ドル、15年には４１８億ドルと拡大。16年には15年比で2倍以上の８７２億ドルに膨張し、17年もほぼ倍（同年比）の１６０８億ドルになりました。さらに18年には１６８５億ドルに、19年には２５７７億ドルと過去最高を更新しました。直近7年間で実に約24倍に急拡大しています。

このグリーンファイナンス市場では、ブロックチェーン活用も活発になっているといわれます。２０１９年8月には世界銀行が、ブロックチェーンを活用したグローバルな債券「bond-i」を発行したほか、オーストラリアのコモンウェルス銀行（ＣＢＡ）を単独アレンジャーに任命しました。

また２０２０年2月には、スペインの銀行大手のビルバオ・ビスカヤ・アルヘンタリア銀行（ＢＢＶＡ）グループが、世界初の構造化されたグリーンボンドのブロックチェーンベースプラットフォームを立ち上げています。銀行のような金融機関におけるトランザクションに分散元帳技術（ＤＬＴ）を使用することで、プロセスの簡素化と顧客サービスの合理化を進める事例として注目されています。

ＳＤＧｓの認知度が高まるにつれ、過去に例がない勢いでグリーンボンドのようなサステナビリティを担保するイノベーションへ資金が集まってくるようになっています。

金融でサステナベーションが求められる理由

「南アジアでは、環境と社会発展に貢献するビジネスモデルに対する投資規模が膨らんでいます。全世界でサステナブル金融の市場規模は1兆米ドル（約110兆円）になるとみています」

シンガポール政府系ファンド、テマセク・ホールディングスのサステナビリティ＆スチュワードシップ・グループの代表を務めるロビン・フー氏は、SFFのパネルディスカッションに参加してこう述べたそうです。そのため、多くの国でグリーンファイナンスに投資をしたら「バブルになる可能性があるので、バランスがとれるように（既存の）ビジネスモデル変革に一定のインセンティブが必要になるだろう」と指摘しました。

なぜ今、このようなサステナビリティを確実にするためのテクノロジーやイノベーションが求められているのでしょうか。ここでもう一つ重要になる視点が、「フィナンシャル・インクルージョン（Financial Inclusion＝金融包摂）」という考え方です。すべての人々が、自分で自分自身の経済活動を行えるチャンスを獲得できるよう、また現在の経済的に不安定な状態から脱することができるように、誰もが必要な金融サービスを利用できるようにする（インクルードしていく＝包摂していく）ことが大切になってくる、という考え方です。

ＳＦＦはフィンテック分野で環境や社会のサステナビリティを高めよう、持続させていくための仕組みを創出しようとのテーマで、さまざまな取り組みを披露し議論する場でした。サステナビリティを阻害している人口増加に伴う食糧問題、環境の悪化、資源の枯渇、気候変動、教育や医療の格差などのあらゆる分野で、私たちはそれらを覆し、解決し、状況を改善に向かわせるための新しいイノベーションを求められています。それには必ず資金的な手当が欠かせません。

しかも、経済のグローバル化が進むとともに、インターネットを経由しスマートフォンなどで個々人がつながる世の中になると、これまでいわゆる「金融」の枠組みに関係性のなかった人々を招き入れて、誰もがそのメリットを享受できるようにしないと、さらなる格差を生んでしまいかねません。

シンガポールＭＡＳのラビ長官も、２０１８年のＳＦＦで「世界中で17億人の成人が、いまだに銀行口座を持っていません。その多くは中国、インド、パキスタン、インドネシアにいる人です。現在の銀行というシステムはコストが非常にかかる構造となっており、それらの国の村々にまで入っていけないし、彼ら（口座のない人々）のニーズにも合致していません。これは、デジタル時代の現在において恥ずべきことです」と基調講演で話しました。

SDGsでも、「目標10・人や国の不平等をなくそう」や「目標12・つくる責任つかう責任」などといった、経済や社会の格差を是正して機会（チャンス）を平等にすることが重視されています。「金融」という個人や産業の活力を支える経済分野が、現状では等しく分かち合うことができていないのが世界の実情だといえるでしょう。

サステナビリティを確保し発展させるイノベーションを本書では「サステナベーション」と定義してきましたが、第1章で述べたとおり、サステナベーションには「共生」というサステナビリティの実現に欠かせない概念を広げていくイノベーションも含んでいると筆者は考えています。

金融という分野は、個人や法人の「トラスト（信用）」によって融資をしたり、経済的・産業的な活動を支援したりするシステムです。過去の金融システムでは、そのシス

企業間連携におけるサステナベーションの意義

イノベーションが起こると、これまでは取引相手ではなかった人にトラスト（信用）が付与され、経済活動の枠が大きく広がる（＝共生先が広がる）

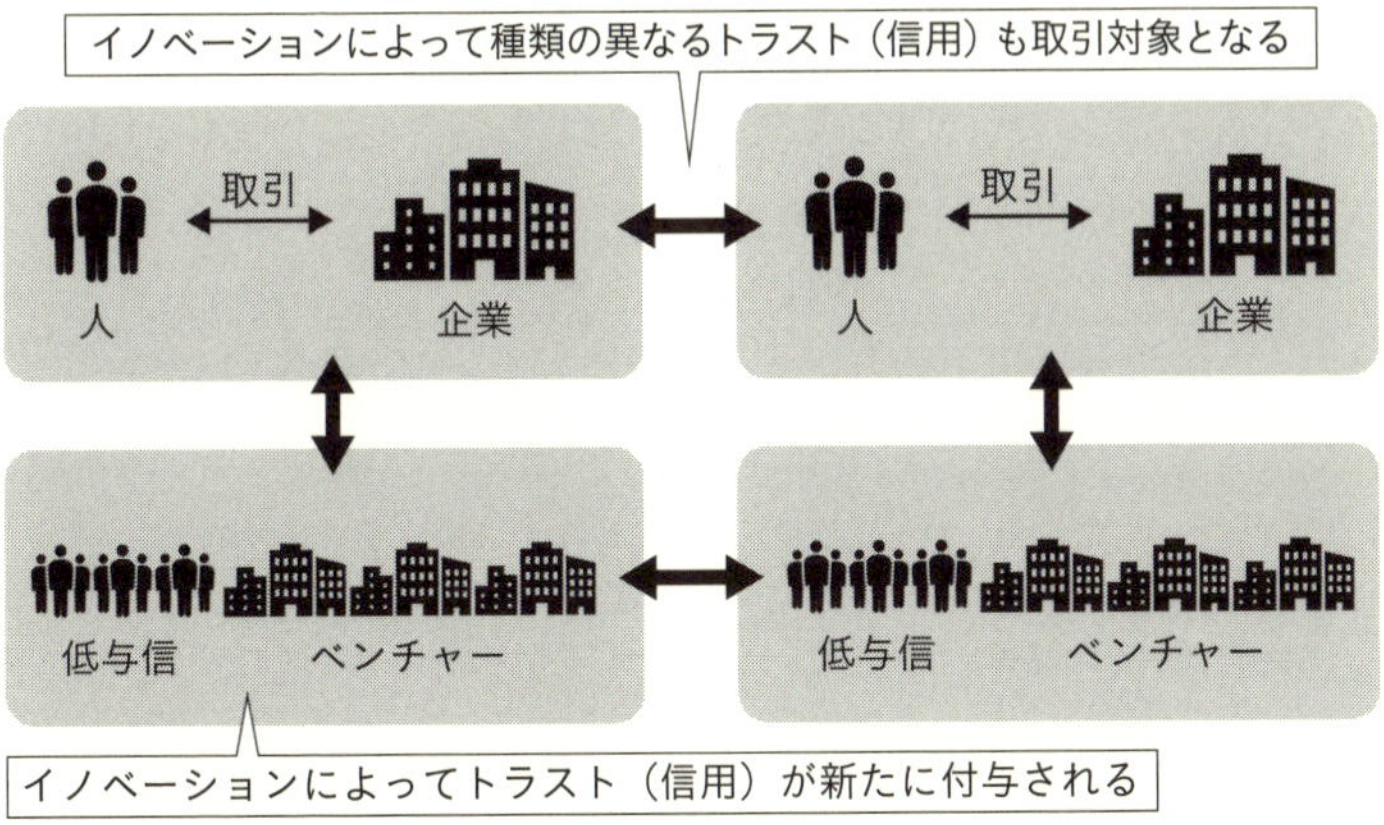

出典：筆者作成

テムに属している専門家（銀行員など）が個人や法人を評価して融資などを決定していました。逆にもし彼らが、この人には、この会社には「トラスト（信用）が不十分」だと認定すれば、融資などは実行されない仕組みでもありました。

前述の銀行口座を持っていない人も含めて、これまで金融の外にいた「エクスクルーシブ（Exclusive＝範疇外）」な人たちは、従来の金融の枠組みの中では融資を受けることができず、積極的な経済活動を享受して事業や生活を営むことが非常に困難でした。

トリプルボトムラインという考え方

サステナビリティ（持続可能性）の概念＝トリプルボトムラインの考え方

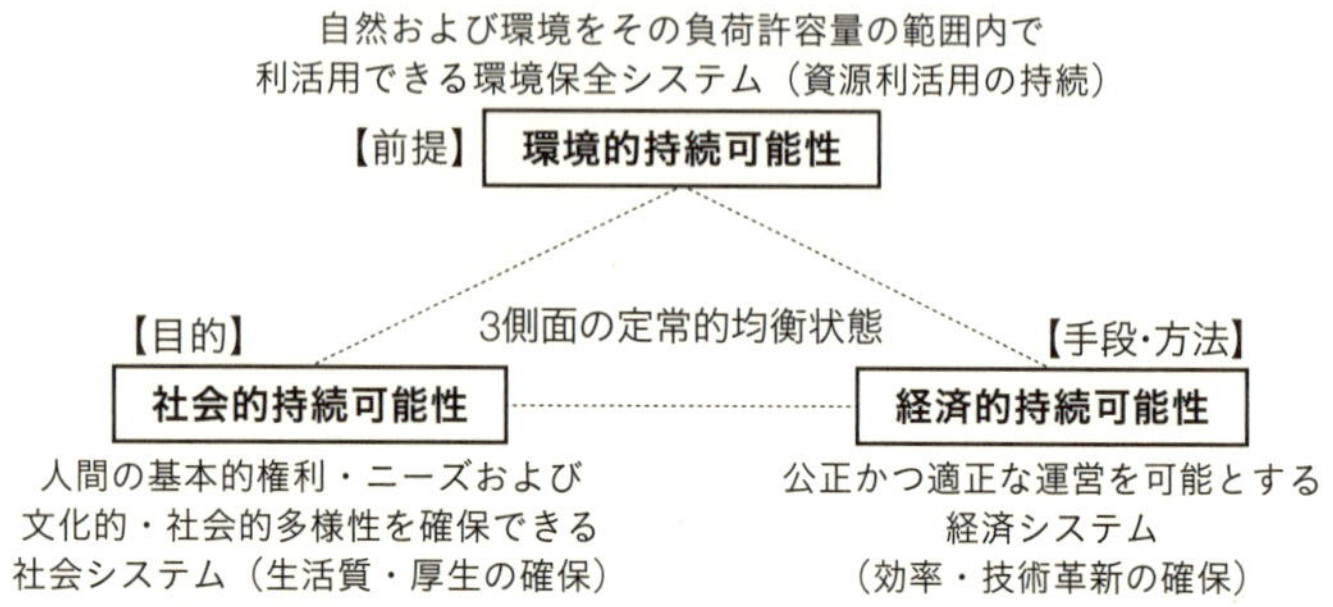

出典：「『持続可能な発展』理念の論点と持続可能性指標」（矢口克也、レファレンス 2010年4月号）を参考に筆者作成

２０１８年の時点で、銀行などからのローン（融資）を活用できない人は、全世界で20億人いたとされています。ローン審査が通らない「非通過率」は、日本では人口の30％なのに対し、インドネシアでは70％、フィリピンでは80％、カンボジアでは90％にのぼるといいます。というのも、これらの国では人口の多くを占めるのが若い人たちであるため平均年齢が若く、なかなか実績が少ないこともあり、通過率が悪くなる傾向にあるのです。これは、経済成長が進んでいる国なのに、ローンを受けられずにその成長の恩恵にあずかれていない若者が多いということを意味します。

「フィンテック」というサステナベーションが広げた共生社会

しかし今、「フィンテック」のようにテクノロジーを駆使してイノベーションを湧き起こすことで、これまでエクスクルーシブだったこれらの人々が、金融の恩恵を受けられる「インクルーシブ（Inclusive）」な立場に変わりつつあります。

ＩＴという先端のテクノロジーを駆使する以前から、バングラデシュで台頭した「グラミン銀行」のように、マイクロファイナンス（貧しい農家などにも少額を融資して経済基盤を整えてもらう無担保小口融資制度）のようなイノベーションが起きて世界中に広まりました。グラミン銀行の創設者（ファウンダー）であるムハマド・ユヌス博士（経済学）は、マイクロファイナンスを始めた功績で２００６年にノーベル平和賞を受賞しました。ちなみに「グラミン」とは現地ベンガル語で「村」という意味だそうです。

シンガポールのＳＦＦでラビＭＡＳ長官が指摘したとおり、これまで現地の農村という現場のニーズに合っていなかった従来の銀行のような金融システムが、マイクロファイナンスというイノベーションによって融資先を拡大したことは、地域のサステナビリティを担保したイノベーション＝サステナベーションの事例の一つといえるでしょう。

まさに、イノベーションによる「共生社会」の拡大であり、「金融の外」に排除されていた人々（バングラデシュの農家）を、金融の恩恵を受けられる「インクルーシブ」な人々に変えたと言い換えてもいいのではないでしょうか。

ＩＴとインターネットが一段と普及した今、金融の恩恵にアクセスできる人は着実に増えてきています。

「クラウド・ファンディング」も、その大きな代表例として社会に根付きつつあるイノベーションです。ある人が「こんな製品を作りたい」「こんな世の中になるように尽力したい」というアイデアと志を持って、プロジェクトを立ち上げます。それを実現するための資金を、立ち上げたプロジェクトに共感する人たちに募金ないしは出資してもらうのがクラウド・ファンディングです。

今までに会ったこともない人々から、プロジェクト資金を集める金融手法は、クラウド・ファンディングを専門に手がける企業や、ブログやＳＮＳのような情報の新ツールがなければ成立し難いものでした。我が国でもＲＥＡＤＹＦＯＲ（レディーフォー）やＣＡＭＰＦＩＲＥ（キャンプファイヤー）、また２０１９年12月に東証マザーズに上場したマクアケなどのクラウド・ファンディング企業が、それぞれ競い合う

ようにして多種多様なプロジェクトをウェブサイトに掲げて、資金集めに協力していま
す。

　これらも、従来なら銀行などの金融機関を通じて行っていましたが、なかなか資金を集めにくいのが実情でした。

　スマートフォン決済が日本よりも浸透し、一般的になっている中国。この国こそ、フィンテックというサステナベーションによって共生社会が広がった顕著な例といえるでしょう。今やほとんどすべての支払いが現金やクレジットカードではなく、デビットカードやスマホで決済されている中国では、インターネット大手のアリババグループ傘下の金融会社、アントフィナンシャルサービスグループが提供しているスマホ決済サービス「支付宝（アリペイ）」や、中国SNSで約11億人のユーザーを抱える最大手「微信（ウィーチャット）」を展開している騰訊控股（テンセント）のスマホ決済サービス「ウィーチャットペイ」などが市場を席巻しています。

　特にアリペイという決済サービスが急速に広がった背景には、そのサービスを支える信用評価システム「芝麻（ジーマ）信用」の功績があることは、つとに知られるようになりました。従来なら金融機関がとらえきれていなかった「個人のトラスト（信用）」

をスコア化して明らかにし、それを基に個人がファイナンシャル・サービスを利用できるようにしたサステナベーションの一例です。

アリババグループは、「資産」「返済」「勤務先」「学歴・人脈」「行動」といった5つの指標を組み合わせて、個人の信用度をスコア化しています。このうち「行動」とはECサイトや実店舗でのショッピング取引履歴の状況や、アリババ系の金融商品を利用しているかどうか、また公共料金支払い状況など個人として金銭面での管理がきちんとなされているかを評価ポイントとしているそうです。

この信用スコアが一定以上になると、ホテルでの支払いのほか、レンタカーやレンタルサイクルなどの支払い時にデポジット（保証金）の支払いが不要になります。中国ではクレジットカードの所有率が非常に低く、しかもクレジットカードを使えるお店も大都市圏に集中しているとされます。一方で、個人の銀行口座から利用した分の金額が即時に引き落とされるデビットカード「銀聯《ぎんれん》カード」は普及していますが、ホテルなどではデポジットを事前に支払うのが通例でした。

信用スコアはさらに、お見合いや商談の席などでも信用の証明に活用できるようになっているといいます。一定以上のスコアになると高スコアの人限定の婚活パーティに参加できたり、条件の良い就職試験を受けられたり、といったチャンスにもつながることもあるとか。また、空港での出国時には専用レーンを通過できる、ビザの取得手続きが簡単になるなど、各種の「特典」も大きな魅力となっているそうです。

個人情報の活用を選択できる英国

本章の冒頭でも書きましたが、中央銀行であるイングランド銀行が「金融の未来」を本格的にリデザインし始めた英国では、パーソナルデータ（個人情報）を流通させる仕組みで世界をリードしています。なかでも、２００９年に設立された「Digi.me（ディジ・ミー）」という企業は、パーソナルデータの管理と利用を企業などの組織に任せきりにせず、自分自身で安全・安心に管理・利用できるようにする「分散型ＰＤＳ（Decentralized Personal Data Store）サービス」と呼ばれる新しい情報管理手法を提供し、注目を集めています。

パーソナルデータは、その経済的な価値の高さから「21世紀の石油」とも呼ばれるほど、重要なものだとの認識が広まっています。現在のパーソナルデータは、主に

ＧＡＦＡと呼ばれるＩＴプラットフォーマー事業者が囲い込んでいると指摘されてきています。しかも、彼らはそのパーソナルデータを世界規模で保有しており、さまざまな事業に活用しているのが実情です。これに対抗して、データ保護主義の観点から国や地域がデータ管理を強化する動きもあり、欧州ではパーソナルデータのプライバシー規制であるＧＤＰＲ（General Data Protection Regulation）が適用されるなど、企業と国・地域の間でパーソナルデータ資源をめぐる攻防も起こり始めています。

英国は２０１１年から「midata（マイデータ）」と呼ばれるプロジェクトを、政府主導で導入してきました。これは、消費者である個人が、情報サービスを提供している企業が保有している自分のデータに、簡単にアクセスしたり利用できたりすることを推進したものです。消費者（個人）はそのパーソナルデータに基づいて、より良い意思決定をし、行動につなげていくことができます。一方で、パーソナルデータを使いたい企業に対しても、消費者の立場を強化しながら新たなイノベーションを起こすために知恵を絞ってもらい、競争しあいながら企業が提供する製品やサービスの質を高めるように促すものでした。

「midata」では最初に、金融機関やクレジットカード会社、エネルギー、通信の４業種が対象となりました。というのも、これらの業種は寡占市場の中で顧客の移動が硬直化していて、例えばある銀行口座を別の銀行に切り替えるのが難しいといった状況がありました。そこで、企業が保有している顧客データをいったん個人に返し、個人がそのパーソナルデータを別の競合企業に提供することで、顧客移動（ポータビリティ）を実現しようとしたのです。

一方、ディジ・ミー社は、もともとはさまざまなSNS上にそれぞれアップロードされたデータ（特に画像データ）を一元管理したいというニーズから発生したサービスでした。今ではフェイスブックなど大型SNSのほか、財務管理サービス「ヨドリー（Yodlee）」や、スマートウォッチ「フィットビット（Fitbit）」などのデータを収集して保存できるサービスとなっています。ディジ・ミーに登録すると、個人はこれらの外部企業が保有している自分自身のパーソナルデータを閲覧・参照したり一元管理したりすることが可能になります。また自分自身のパーソナルデータを企業が共有・利用してもよいと、自己申告（コンセント）できるのもポイントです。

そのパーソナルデータの収集についても特徴があります。データの収集はアプリ内か、もしくは一時的に生成するバーチャルクラウド内で実行します。データを個人が希望するクラウド（「Google Drive（グーグルドライブ）」や「Dropbox（ドロップボックス）」など）に保存しておくようにしてあり、ディジ・ミー側では収集作業が終了しだい、データをすべて削除することになっています。つまり、ディジ・ミー自体は個々人のパーソナルデータを保持することも、閲覧することもないため、非常にセキュア（安全）なデータ収集・管理を実現しているのです。

こうした分散型PDSサービスは、個人のプライバシーを守りたいとの意識が高く、しかも自身のパーソナルデータを自分自身で管理したいニーズが強い英国や欧州では、わかりやすく安全にデータを管理・公開することができるサービスとして認知され普及が始まっています。

英国で放送やインターネットメディアなどを担当する官庁であるデジタル・文化・メディア・スポーツ省（Ministry of Department for Digital, Culture, Media and Sport＝DCMS）は、「デジタル時代は消費者と事業者が交流する方法において変革をもたらしたが、これは選択肢や利便性、手頃な価格を提供することに関しては革命的だといえる。これはまだ始まりに過ぎず、こうした新技術は我々の生活のすべての面を変える可能性を秘めている」と文書などで指摘しています。

「我々は今、変曲点にいる。個人データのモビリティを強化することは、イノベーション、効率性、生産性に関して爆発的成長をもたらす可能性がある。これを実現するために、データ・モビリティの発展は、デジタル経済のシステミックな問題および市場の失敗にも対応する必要がある」

英国はこうした思考アプローチにより、現状の縦割りのデータ管理に課せられた制約から、個人データを解放するとともに、人々の個人データに対する権限を強化する方向に舵を切りました。データ・モビリティ＝個人情報の流通度を高めることは、「個人データが持つ社会的・経済的なポテンシャルを最大限かつ持続的に発揮させることに貢献する」と考えたわけです。

日本では個人情報といえば、その秘匿性とプライバシー保護を重視するために厳重に管理し、情報にアクセスすることを規制してきました。個人情報を取得した側の企業や団体（官公庁や自治体を含む）はその管理を厳重にすることが前提となっていますが、かかるコストと手間は膨大で、パーソナルデータも死蔵されたまま何も活かされないことになってしまうケースが多いのです。

しかし、日本も２０１５年の「個人情報保護法」の改正時に、個人情報を安心・安全に活用する方向へと大きく方針を転換しました。パーソナルデータを提供する消費者（個人）と、それを活用する企業の双方が、安全かつ安心して情報を共有できる環境を整備しようとしてきました。16年には「官民データ活用推進基本法」が制定され、企業がこれまで保有・管理していたパーソナルデータを、顧客である個人が自分自身で管理下に置き、本人の意思に基づいて共有や利用を決定するという考え方が推進されています。これこそが分散型PDSサービスであり、これを先んじて提供してきたのがディジ・ミーです。

これも、個人のパーソナルデータを、テクノロジーと発想の転換によってトラスト（信用）化したものだといえるでしょう。

信用を可視化することで新しい可能性を広げる手法は、シンガポールで開催されたSFFでも討論されました。特に「グリーンファイナンス」に関する議論では、それをストレートに実現しているフィンテックも登場しています。

サステナブル・デジタル・ファイナンスという考え方

再び「フィンテック先進国」を目指すシンガポールに注目してみましょう。シンガポールのDBS銀行は、もともとはシンガポール開発銀行（The Development Bank of Singapore）という名称で地域開発に対する融資を行う政府系銀行として1968年に設立されました。現在でも東南アジアで資産規模が最大とされる銀行です。開発銀行としてサステナブルファイナンスへの取り組みは積極的で、現在は「アジアのサステナブル・デジタル・ファイナンス（Sustainable Digital Finance in Asia）」を大きく経営課題に掲げています。

特にSDGsに関しては、目標の7・12・13に対して「投資をスケール（規模拡大）させていく」ことを打ち出しています。SDGsの目標7は「エネルギーをみんなにそしてクリーンに」、同12は「つくる責任つかう責任」、同13は「気候変動に具体的な対策を」です（25ページの図参照）。つまりエネルギーの分野、途上国の経済・産業開発の分野、気候変動対策の分野で、投資を考えている企業を積極的に支援する狙いがあるのです。

さらにファイナンス面での支援だけでなく、DBS銀行としても「ブロックチェーン、AI、モバイルテクノロジー、IoT（モノのインターネット）、クラウドなどのテクノロジーを使用して、センサーなどで環境データを把握し、既存の金融商品やサービスに統合して構造化することで、新しいサステナブルなデジタル金融商品を作り出す」ことも目標に掲げています。

DBS銀行がサステナブル・デジタル・ファイナンスの一環として取り組んでいるのが、アリババグループ傘下で前述の芝麻信用を展開しているアント フィナンシャルと提携して普及に努めているアプリ内サービス「アント・フォレスト（Ant Forest）」です。顧客がアリペイを利用する際に、アリペイのアプリ内に「環境口座」を設定できるようにしました。そのアプリを使っている人が日常で「環境行動（環境保全に向けた具体的な行動）」を実行していくと、それがポイントとなって蓄積されていきます。

どのような行動が環境にやさしいのでしょうか。一例が、車に乗らないなどの「グリーン外出」と呼ばれるものです。二酸化炭素（CO_2）とエネルギーの低減に資する行動で、歩く（歩数計で測定）、公共交通機関に乗る、シェアリング自転車を利用する（決済情報で把握）などが該当します。

また、「外出そのものを控える（従来窓口などに出かけて行ってきたことを、ネット で行う）」ことも環境行動にカウントされます。電車の切符や各種チケットのインター ネット購買、アリペイIDで病院を予約する、公共料金（水道・電気・ガス）のアリペ イ支払い、テレビ会議や電話会議を利用して出張しないこともポイントになります。

「資源の削減」についても同様で、紙とプラスチックを減らす行動として、オンライン での税金還付申請や電子発券、電子図書、スターバックスなどコーヒーチェーン店での マグカップ持ち込み、コード決済によるチケット購入、アリババグループのフードデリ バリー「ウーラマ」や生鮮食品店「フーマー」の利用も含まれます。

「リサイクル」ももちろん環境行動となり、古紙（段ボール）や中古品の回収、グリー ン包装（環境にやさしい袋、ガムテープを使わない包装）などの利用が挙げられます。

こうしてポイントがある一定以上たまると、「CO_2削減量が示された目標別の樹木」を、 アント・フォレストのアプリの画面から自由に選ぶことができる仕組みになっています。

樹木を選ぶと、アント・フォレストが中国国内などで展開している植樹林に実際にそ の木が植えられます。アント・フォレストのサイトを見れば、中国・甘粛省から内モン ゴル自治区に広がるトングリ砂漠の周辺に、実際にアプリ利用者が選んだ樹木が植えられている写真が掲載されています。そして、その植樹林には太陽光パネルで得た電力で稼働するライブカメラが取り付けられていて、自分が植えた木が生い茂っていく様子をアプリから観察できるようになっているのです。

植樹作業を担当するのは、現地の農家です。グリーンファイナンスから収入を得ることで、農家も持続的な生活が可能になるというわけです。アント フィナンシャルによると、このアプリ「アント・フォレスト」だけで2019年8月までに約40万人の雇用機会を生み出しているそうです。

金融と結びつき始めた二酸化炭素排出量の削減

シンガポールを拠点として東南アジア各地で営業を展開する大手金融機関ではもう一つ、ユナイテッド・オーバーシーズ銀行（UOB）にも注目です。

同銀行は顧客に対して「グリーンファイナンス」を推進する狙いから、太陽光発電の状況がリアルタイムで把握できるアプリの提供を始めました。UOBは「ユー・ソーラー（U-Solar）」という、使用する電力を従来型の発電所から太陽光発電に切り替えるための融資事業を、2019年10月からまずマレーシアで開始。その後、シンガポールやインドネシアにも広げており、タイでも2020年中に融資に乗り出す方針です。法人だけでなく個人にも提供しており、ソーラーパネルを事業所内や自宅に設置して運営・保守を実施するための融資も手がけています。

またウェブサイトを通じて、企業や個人を開発業者や設置業者などにつなげるマッチングサービスも始めました。これに伴い、太陽光発電に切り替えたユーザー向けに発電状況をモニタリング（監視）できるアプリをリリースしたのです。

使用する電力を簡単に太陽光発電に切り替えられるサービスを提供するため、UOBはシンガポール内で太陽光発電事業を営む①ソーラージィ（SolarGy）、②ソーラーPVエクスチェンジ（SolarPVExchange）、③サンシープ・グループ（Sunseap Group）――の3社とパートナー提携（法人向けはソーラージィとソーラーPVエクスチェンジの2社）を結びました。「人口の増加に伴い、シンガポールの年間電力需要は2028年まで年率1・8％で増加すると予想されています。太陽光発電を使用することで、電気代を削減しながらCO_2排出量を削減できます。今すぐサステナビリティの旅を始めましょう」（同事業のウェブサイト　https://www.uobgroup.com/u-solar-sg/index.

page より）。

ＵＯＢは温暖化ガスの削減を前面に打ち出しながら、グリーンファイナンスを積極的に展開していく姿勢を見せています。これも、これまでよりも広い範囲に太陽光発電を導入するための融資を受けられるようにしてサステナビリティを高めていくイノベーションとしての「サステナベーション」の一つだといえるでしょう。

日本でも再生可能エネルギーの普及を目的として２０１２年7月から、新たに「固定価格買取制度（ＦＩＴ）」などの支援スキームが始まりました。太陽光発電などで生み出した電力を長期（20年）にわたり定額で買い取って電力会社に卸す仕組みを活用してもらうことで、企業や個人が再生可能エネルギー発電を導入することを狙ったものです。これにも多くの金融機関が「ソーラーローン」や「エコリフォームローン」などの名称で融資プログラムを提供し、優遇金利を設定したりしました。

２０１９年には経済産業省がＦＩＴ制度を見直す方針を打ち出しましたが、サステナビリティを担保するためのイノベーションとして日本でも「サステナベーション」的な視座から今後、ＦＩＴ制度のあり方を見直して、新しい取り組みを普及させるチャンスが到来する可能性があるでしょう。

学生の「将来の稼ぎ」を予測して融資する米アーネスト

誰もがより平等に豊かな生活を持続させられるためのチャンスを得られる「共生社会」を生み出すためのサステナベーションは、金融の世界に限っても世界のあちこちで芽吹き始めています。

米国では、「トップスクール」と呼ばれる有力校になればなるほど学費が高い傾向にあります。米フォーブス誌などによると、米国で学生ローンを借りている人は4400万人を超え、負債額は2019年にトータルで1兆4100億ドル（約150兆円強）になると指摘されています。ローンを抱えながら就学する学生が多い一方で、学校に通いたくても通えない学生を生むハードルになっているわけです。

その現状を打開しようと産声をあげたスタートアップが、米国カリフォルニア州に本拠を置くアーネスト・オペレーションズです。

学生の将来の稼ぎを予測して、お金を貸す仕組みを作ったのです。与信の方法は、学生が持っている銀行口座やクレジットカード情報に直接アクセスして、預け入れや引き出し、預金残高、支払いなどすべての履歴をダウンロードします。そこで集めた8万〜

10万項目ものデータを分析して、融資ができるかどうか審査を実行します。また、大学で取得予定の学位の種類やランク、職歴によって将来年収の価値算定を行うことでも、融資条件を決めていくのです。

従来の銀行の与信判断基準では、学生が審査を通ることは一般的に難しく、高金利の学生ローンを利用するケースが多くなっていました。米国では1970年以降に賃金が67％上昇してきましたが、一方で大学の授業料はそれ以上の割合で高くなってきたのです。

こうした学生ローン債務によって、「Y世代」「ミレニアル世代」と呼ばれた若者たちは貯金することもままならず、結婚やマイホームの購入、出産で子どもを授かるといった人生の節目を先送りさせている、といった問題も起こっていました。

新興国でもかねてより、女性や女児の就学率は大きな前進がみられている半面、今後は高等教育を含めたあらゆる教育レベルへのアクセスを広げることが求められています。日本でも教育格差が所得格差を生み出しているとの指摘もあります。「ロスト・ジェネレーション」「就職氷河期」と呼ばれた不遇な時代を経てきた世代は、正社員になかなかなれずにいたことで、経済的な余力がなく家庭を持つことが難しいのだという指摘もあります。

となれば、日本でもその人個人の現状のトラスト（信用）や家族（親など）に信用を依存するのではなく、アーネストのようにテクノロジーを活用して個人の将来の価値を算定することで、融資を受けられるようなサービスの提供が求められているのではないでしょうか。

次章では、米国の「ＧＡＦＡ」――グーグル、アマゾン・ドット・コム、フェイスブック、アップルといった世界的なプラットフォーマーに成長した大企業の「次の時代」を考えるためのサステナベーションについて、改めて検討してみましょう。

第3章

サステナベーションが示す「プラットフォーマー時代の先」の未来

2013年に日本で創業したグローバルモビリティサービス（Global Mobility Service＝GMS〈東京都港区〉）をご存知でしょうか。

どんな会社かというと、これまで「金融機関でローン審査が通らない」といった理由でクルマを持つことができなかった所得の低い人に対して、タクシードライバーとして真面目に働くなど、ある条件を満たせばローンを使えるようになり、車も運転できるようにするフィンテック・サービスを提供している企業です。

同社はそのビジネスモデルをまずフィリピンやカンボジアで展開しました。というのも、第2章でも少し触れたローン審査が通らない率（非通過率）はフィリピンで90％、カンボジアでは80％（2020年3月時点）と非常に高いからです。その後に日本でも事業を展開。独創的なビジネスモデルとテクノロジーで注目を集めています。

第2章では「サステナベーション」について、「地球規模で考えるべきサステナビリティを高めながら共生社会を広げるイノベーション」という定義で、フィンテックを中心にシンガポールなど海外の例を見てきました。

このサステナベーション的な発想は、もちろん我が国・日本でも着実に芽吹き始めています。

本章ではそんな、日本におけるサステナベーションの例を取り上げながら、ITがもたらす「サステナビリティの未来」を考察していくことにしましょう。検証を重ねることで、GAFA（グーグル、アマゾン・ドット・コム、フェイスブック、アップル）のような世界的強者であるプラットフォーマーの先の時代を見据える「サステナベーションという視座の真価」が、よりはっきりと見えてくるからです。

日本発、東南アジアの車社会を支えるイノベーション

一般に、ある国でモータリゼーション（自動車の急激な普及）が始まるのは、その国の1人当たりGDPが3000米ドルを超えたあたりから、といわれています。人口が1億人を超えるフィリピンは2018年に1人当たりGDPが約3100ドル（18年10月推計値）とされ、いよいよ本格的なモータリゼーションが始まろうとしている国です。

しかし、それには大きな壁が立ちはだかっています。高度成長が進んでいる同国ですが、クルマを購入したいと考える個人に対して、ローンが組めるかどうかの与信情報を提供する専門機関が、これまではほぼありませんでした。国民の平均年齢が24歳と若い

ため、収入面や資産面が充実した層は少なく、従来の金融機関がローンやリースなどを審査しようにも、極めて慎重にならざるを得ない状況だったといわれています。

一方、カンボジアは2018年の1人当たりGDPが1500ドル前後。内戦などがあった過去の歴史的経緯からカンボジアの人口は1600万人と少なく、若い人たちが多い人口構成になっています。モータリゼーションが起こる水準にはまだ達していませんが、カンボジアも右肩上がりで経済成長が続いています。

「クルマさえあればもっと良い仕事に就けるのに」――。高い経済成長の進む中、フィリピンでもカンボジアでも、また世界中の多くの途上国でも、そんなふうに考える若者が増えています。ちなみに、世界でローンの審査に通らない人は17億人もいるといわれています。

そんな若者が預金をするなどして、どうにかまとまったお金を作ってクルマを購入できたとしても、経年劣化した古い車両を持つことからスタートするのが一般的です。その中古車で次なる資金を稼ぐのですが、古いだけに悪質な排気ガスと騒音を撒き散らすこともあり、多くの国で社会問題になっています。

低所得でローンの審査が通らない若者が、新しいクルマを買って良い仕事に就けるようにするには、何が必要か——。そう考えてフィンテックの発想からイノベーションを起こしたのが先ほど紹介したGMSです。

ポイントはMCCS（Mobility-Cloud Connecting System）と呼ぶ、クルマに搭載する「小さな黒い箱」でした。MCCSはモバイル通信モジュールを搭載したインターネットにつながるIoT機器であり、車載機用の高度加速度センサーやGPS（全地球測位システム）モジュールなどが実装されています。何ができるかというと、これを搭載したクルマ（バイクや建機などにも搭載可能）は24時間、どこを走っているかがわかるうえ、走行中のスピードや危険な運転をしているかどうかなども把握できます。

最も重要なポイントが、「MCCSを搭載したクルマを動かなくするなどの制御ができる」という「遠隔動作制御」という機能です。GMSによると、「技術的には即座に止めることもできますし、時間帯や曜日ごとに動かせる日を決められるほか、進入禁止エリアに入ったら止めるということも可能」だそうです。

このMCCSを搭載した新車を、従来ならローンに通らなかった若者たちが利用できるようにしたのがGMSのビジネスモデル的なイノベーションといえます。

クルマを欲しい人はMCCSが搭載した車両を利用（購入）したい、とローン審査を銀行など金融機関に申し込みます。申し込みをした人は、実際にはローンで購入するというより、MCCS搭載車をレンタルで利用するような形になります。銀行は、従来よりもずっと簡単な審査で、この申し込みを承認します。MCCSを開発したGMSという企業に信用があるから簡単に承認するのではありません。「MCCS搭載車両なら、真面目に運転する人かどうかを判断できるから」というのが理由です。

どういうことなのか。例えば、若者がMCCS搭載車で、タクシー事業者として営業を始めたとしましょう。MCCS機能によって、「運転者がいつどこを走っているか」「危険な地区や場所には行っていないか」「安全運転をしているか」などが把握できます。

東南アジアの国々、特にタイなどでは、タクシーの営業免許を取得した人は、自分自身が運転して営業するだけではなく、親戚や友人などにも貸して営業させ（営業許可はもちろん免許取得者個人に交付されるのですが、それ以外の人が代理で営業運転するケースがとても多いそうです）、そのマージン（利用料）を取ることが一般に行われています。つまり、何も持てない若者は、クルマを所有しているオーナーから借りて、使用料を毎日のように支払いながら仕事をしているのが普通のことでした。

そこでGMSは、MCCS搭載車両を金融機関を通じて利用できるようにすることで、

「安全に運転して真面目に働けば、毎月のローン（レンタル料）を支払えるようになり、自分たちの収入も拡大できる」というスキーム（枠組み）を作り上げたのです。

GMSを創業した中島徳至・代表取締役社長執行役員／CEOはインタビュー記事で、「ローン審査が通らなかった人もクルマを手に入れられるようになったことで、販売店としてはこれまでアプローチできなかった若年層にもクルマを利用してもらえるようになりました。金融機関も貸し倒れが怖くてお金を貸しにくかったのが、金利収入と元本が確実に返ってくるとわかっているので、お金を貸しやすくなりました」と答えています。

もし利用者が毎月のローン返済ができなくなると、どうなるか。MCCSの遠隔制御機能で、クルマを止めることができますから、毎月のローン金額に相当する支払いをしなければ、利用者はクルマを動かすことができなくなります。この機能により、支払い期限を「いつまで」と決めて、それが過ぎるとクルマを停止することも可能だそうです。

ローンが払えなくなる貸し倒れ率（デフォルト率）は、従来の金融機関による厳正なローン審査を経た場合では15～20％近くもあったそうですが、GMSの仕組みでは「1％を切る水準」（中島社長）と極めて低くなっているとのことです。

フィリピンでは金融機関の9割近くやコンビニエンスストアのATM端末などと決済

連携しているため、利用者がコンビニでローンを入金すると、GMSのデータベースに即座に情報が届く仕組みも構築されています。今やGMSが提供しているMCCS搭載車の総走行距離は2020年3月時点で約1億3600万キロメートル（地球約3400周分）にも及ぶといわれます。

サステナベーションを評価する視点とは

GMSの編み出したビジネスモデルは、まさにサステナベーションの条件を満たしているといえます。「ITを活用したイノベーション」によって、「『金融機関』は、これまでローンを利用できなかった低所得層を取り込んで（インクルーシブ化による共生社会の広がり）」いるうえ、『若い運転手』が『家族』らを養えて安定的に生活でき、かつ新しいクルマで排ガスが少なく『環境にもやさしい』（サステナビリティ）」と、かつての近江商人が唱えた「三方よし」ならぬ「四方よし」を実現しているからです。

国連のSDGsに当てはめてみると、GMSによるサステナベーションは「目標1・貧困をなくそう」「目標4・質の高い教育をみんなに」「目標8・働きがいも経済成長も」「目標9・産業と技術革新の基盤をつくろう」「目標10・人や国の不平等をなくそう」「目標13・気候変動に具体的な対策を」「目標17・パートナーシップで目標を達成しよう」の7項目を満たしているといえます（25ページの図参照）。

筆者は第1章の最後に「サステナベーションに取り組むためには3つの視点がある」ことを提示しました。再掲すると、

視点①：「社会をより良く」がゴールであること＝現在、顕著になっている社会問題（SDGsなどで取り組みが推奨されているもの）を解決すること

視点②：テクノロジー（特にIT）やイノベーションによって実現できること＝ITやテクノロジーをうまく活用しながら新しいイノベーションを生んでいくこと

視点③：取り組みに「持続できる仕組み」があること＝「三方よし」のように、「共生」を実現し維持できる仕組みを作り、「不正」がなく「不信」を生まないよう監視すること

の3つです。

サステナベーションの取り組み方（=「視点」）

サステナベーションの取り組み方（＝視点）として、3つの視点を設定

視点1：「社会をより良く」がゴールであること

→“共生社会の実現・拡大”

- すでに顕在化している社会問題（SDGsなど）の解決
- ITの発展・普及による弊害の解消

SDGsでいわれるような「持続可能な世界を実現するための目標」の達成は大きな要素。

加えて、ITの発展と普及の弊害に立ち向かうという要素も重要なポイント

視点2：テクノロジー（特にIT）やイノベーションによって実現できること

- テクノロジー（≒IT）がうまく活用されている
- テクノロジー（≒IT）の存在なくしては実現できない

サステナブルだけではなくイノベーションの要素が必要で、その中でも特にIT活用の“要素”が重要

視点3：取り組みに「持続できる仕組み」があること

→共生を実現・維持する仕組み

- 三方よし（継続できる儲けも必要）
- 「不正」の監視（「不信」の防止）

「本業での社会貢献」が重要
⇒自身の儲けも含めた全方向の利益が評価のポイント
また、継続（持続）するための仕組みであっても、1つの「不正」がそれを破壊しかねないため、その予防（回避）も持続性評価の一要素になると考えられる

出典：筆者作成

GMSのビジネスモデルは、この3点をすべて満たしているといえます。GMSは当初から「SDGsの課題解決」を狙ったわけではないでしょうが、フィンテックを利用したイノベーションを確立して社会問題を解決する突破口を見つけたことで、グローバルな視点でサステナビリティを高め、またこれまで金融のシステムにアク

セスできていなかった人々を巻き込んだ（インクルーシブ化した）ことで、人間が共生できる社会の幅を結果として大きく広げました。

では、私たちはどのようなサステナベーションを目指すべきでしょうか。

サステナベーションの目的は、「持続可能性＝サステナビリティ＝共生社会」に貢献することが理想的な将来像であるとするなら、サステナビリティに貢献するテクノロジー、ないしはそのテクノロジーから生まれるイノベーションの取り組みが評価されることになります。

目的の評価軸となるのは、持続可能性＝サステナビリティが脅かされている課題――人口増加に伴う食糧問題、環境の悪化、資源の枯渇、気候変動、教育や医療の格差、金融からの排除（エクスクルーシブ）など、人間が地球上で豊かに暮らしていくうえで切っても切り離せない関係性を認識できる領域です。

こうしたサステナビリティに対する課題は、社会的、環境的、経済的な観点で設定されますが、企業はこれらの実現を「利益の一部や余剰資金で実行する」のではなく、「本業で利益を得ながら、サステナビリティに貢献する」ことが重要な視点となります。

ＣＳＲ（企業の社会的責任）という観点で、日本の企業も１９９０年代後半からさまざまな取り組みを進めてきました。ボランティアや地域貢献活動、環境保護活動などといった「世の中を良くする」ための各種の取り組みが盛んですが、これまではどちらかというと企業が得た利益の範囲で社会貢献のために活動を進める、という形が主流だったように思います。

しかし、サステナベーションの観点では、本業（企業の本流としての事業活動）で利益拡大を図りながら、その事業自体が地球規模でのサステナビリティに寄与する、ということが、ＳＤＧｓへの対応を含めたこれからの主流になっていくでしょう。

また、本業でのイノベーションを通じて社会のサステナビリティに貢献することでこそ、「売り手よし」「買い手よし」「世間よし」の「三方よし」が実現できるのではないでしょうか。なお、「サステナベーションによる三方よし」についての考察は、第5章で改めて説明します。

本業を通じてサステナビリティの確保に取り組む意義

本来の事業活動を通じてサステナビリティを高めていくとは、どういうことでしょうか。具体的には、①経営にサステナベーションの枠組みを取り込み、②経営から現場までが一体となって、③業務・サービス・組織・インフラのそれぞれにおいて取り組む――という思考方法が重要になるでしょう。

これは、これまでの株主資本を重視する経営スタイルやマインドからの変革が必要となりますので、一朝一夕には実現が難しいかもしれません。しかし、私たちが生きる社会において「サステナビリティを重視しない選択肢はない」ものとして、また「サステナビリティを重視しない企業は社会的な存在意義を問われる未来が来る」ものとして取り組むことが欠かせなくなるのではないかと考えられるのです。

次に手段の評価として、テクノロジーの活用やテクノロジーから生まれるイノベーションの適用が挙げられます。テクノロジーには、科学技術、医療技術などのさまざまな技術が含まれますが、今の時代に最も大胆かつ慎重に活用すべきものはＩＴ＝Information Technology（情報技術）であることは間違いありません。

ただ、ここで注意が必要です。テクノロジーは本業の成長に貢献しますし、サステナビリティの向上に取り組むためには有効なものでもありますが、その成果には「ＧＯＯＤ（善良な使い方）」と「ＥＶＩＬ（邪悪な使い方）」の二面性があるのが大きな特徴であり、課題でもあります。

本書ではこれを、「人との関係性の創造」「人との関係性の改善」「人との関係性の悪化」の3つに分類してみたいと思います。特に、人との関係性を図る水準として、「トラスト（信用）」、すなわちコンセンサスの概念を知らなければならないと思っています。

コンセンサスには「社会的な規範」「ルール」「ＥＬＳＩ（Ethical＝倫理、Legal＝法律、Social Issues＝社会適用）」の視点が必要で、人と共生する範囲を広げていくには、このコンセンサスを高めるのか、それとも喪失するかによって、評価が大きく変わってくることになります。

米コロンビア大学ロースクールのティム・ウー教授（法学）は、その著書『The Master Switch: The Rise and Fall of Information Empires』（邦題『マスタースイッチ「正しい独裁者」を模索するアメリカ』飛鳥新社）で、「技術が社会と共生していけるようになるには、5つの段階がある」と指摘しています。

第1段階：発明者が、技術を発見する

第2段階：愛好家が、その技術の使用方法を開拓し、一般の人に広く行き渡るよう

になる

第3段階：企業が、目をつける。技術を商業化し、洗練し、規模を大きくする

第4段階：企業が十分に力を持つようになると技術を守るために政府に強く働きかけ、支援させる。自分たちを「自然独占企業」として位置づける

第5段階：企業の独占状態が続く長い停滞の後、新しい発明家によってその古い技術を崩壊させる新しい技術が登場する。古い独占を除去する場合もあるが、独占をより強固にする場合もある

これらの5段階は、技術を持続的に活用していくために「乗り越えなければならない壁」とされています

一例として、19世紀からの科学技術のサイクルを俯瞰してみましょう。「科学技術」とはいいますが、最初から科学と技術が融合していたわけではなく、別々に社会に存在していたとされます。

例えば、英国人化学者のウィリアム・パーキンは、1856年に合成染料の第1号となった「アニリン染料」を発見しました。本人もその商業的な価値を見出していたとさ

れていますが、発見した段階では一般の人に広く普及するようなことはありませんでした。つまり、第2段階で脱落したわけです。

ところが、ドイツではこのアニリン染料を用いて産業と結びつけ、「染料工業」が発展しました。これが科学と技術の融合の始まりです。企業が技術を商業化するに至って以降（第3段階を突破）は、2度の世界的な大戦も経て、「科学技術が国家の存亡を決める」との認識が深まっていきました。ここに米国などを中心とした、世界の大国による「科学技術への楽観（科学技術が明るい未来を作るという考え方）」が広まりました。

一方、1970年代以降は、「科学技術を重視した産業主義」に対して、懐疑の時代が訪れたといえるのではないでしょうか。ベトナム戦争や石油危機、インド・ボパールの科学工場の爆発事故、チェルノブイリ原子力発電所事故、スペースシャトル・チャレンジャー号の打ち上げ事故など、世界を揺るがす事故・事件が多く発生しました。これは、「科学技術への悲観」を招き、一本調子の科学技術の発展が正しいのかどうかを人々に再考させ、揺れ動いた時期でもありました。

このように科学技術は、楽観と悲観を繰り返しながら発展してきました。歴史的にさまざまな社会的・倫理的な課題を抱え、それらを「社会問題化」することによって多くの人々——科学者だけでなく世界の指導者や官僚、企業で働く私たちを含めて、これらの問題を解決しようとする努力がなされてきたわけです。

そして21世紀となり、科学技術への楽観と悲観の時代を経て、私たちは「大量生産」と「大量消費」によって引き起こされた、さまざまな課題に直面しています。これはまさに第1章で述べたNTTデータサミットのテーマ「『希少』の時代から『モノがあふれる』時代へ」にもあてはまります。そんな中で、人と科学技術が「共生」しながら、持続的な社会を築いていこうとしています。それがサステナビリティであり、今まさに地球規模でのサステナビリティを実現するための技術的イノベーションが求められているのです。

筆者がこれからの時代を「サステナベーション」の視座が不可欠だと述べる理由は、こんなところにもあります。

私たちが生きる現代のグローバル社会では、「経済効率性」や「経済的利益」に最も価値があるという、ある種の「一元主義的なグローバリズム」を支持する考え方が、まだまだ優勢であるように思います。特に、GAFAに代表される「グローバル・プラットフォーマー」は、ITをフルに活用して、プラットフォーム独自のルールに基づいた経済圏をそれぞれ形成しており、その中に囲い込むことでさらなる利益の拡大・追求に邁進しています。

このような社会では、勝者総取り（ウィナー・テイクス・オール＝Winner Takes All）や、デジタル・デバイドのような新たな格差も生じさせるようになりました。さらに、ＩＴがますます多くの地球人の日常生活に入り込むことになって、サイバーテロや、プライバシーの問題、失業、健康の阻害、精神の消耗といった問題が顕在化するようになってきたのです。

ＩＴの進化によってもたらされたこれら諸課題は、これまで世界の国や地域が歴史の中で培ってきた環境や文化、制度などに根ざした「固有の社会」を破壊する可能性も否定しえなくなってきていますし、実際に各地の固有の社会・文化を変え始めています。

ＧＡＦＡの一角を占める米アマゾン・ドット・コムは、「地球上で最もお客様を大切にする企業」を標榜して、単にＥＣサイトにとどまらず、物流センターやカスタマーサービスセンターなども含めて、過去20年間で拡大路線をひた走ってきました。流通のムダや非効率を徹底的に省くことで、より良いモノ、便利なサービスを、「早く安く」顧客に届けることにつながりました。その結果として、「街の書店つぶし」とか「小売り破壊」につながったことは、否定しえない側面でもあります。

コスト度外視の事業投資が創造した「新たなビジネス環境」

しかし、アマゾンはプラットフォーマーとなっていく過程で、「支払うコストに注意を払って（コストをできるだけ削減して）着実に利益を出す」という従来の企業活動と同じような思考プロセスをとりませんでした。むしろ、利益の創出にはほとんど興味がないかのように、長期にわたって赤字経営を続けてきたことは、つとに有名です。

アマゾンの財務諸表を見ると、まず先頭にキャッシュフロー計算書が掲載されています。例えば2019年12月期は、売上高が2805億ドル（約30兆円）に対し、営業キャッシュフローが実に385億ドル（約4・2兆円）と世界的に見ても突出したキャッシュフローをたたき出しています。アマゾンはこれを、徹底的に物流やカスタマーサービスのほか、次なる新規の事業創出につぎ込んできました。

その一例が、今やアマゾンの稼ぎ頭となった「AWS（アマゾン・ウェブ・サービス）」です。AWSとは、企業を対象にしたITインフラでありクラウドコンピューティングサービスです。

それによって、どうなったでしょうか。12年前と今のサーバー料金を考えてみましょう。AWSの「EC2」と呼ばれるサービス（安全でサイズ変更可能なコンピューティング性能をクラウド内で提供するウェブサービス）の料金は、2008年には1時間当たり0・4ドルでしたが、20年3月時点では同0・0832ドルとなっており、12年間で料金は5分の1に低下しました。AWSがなかった時代に、これをサーバー上で構築するとなると、今の料金とは比較にならないほど大きな投資が必要だったのです。

以前はトランザクションデータ（企業の情報システムなどが扱う業務に伴って発生した出来事の詳細を記録したデータ）といえば、サーバー料金が高いうえに保管するためのマネジメントが難しい問題もあり、ほぼ「活用されないデータ」として削除されてきました。しかし、AWSを利用することで質・量ともに豊富なトランザクションデータを収集・蓄積・分析できる基盤ができあがり、そのデータ解析によって新たなトレンドを見つける「データアナリスト」のような新ビジネスも創造されるようになったのです。

アマゾンが結果として既存ビジネスを破壊するような企業であったとしても、AWSのようにITをフル活用することによる高付加価値化・低価格化の恩恵を社会・経済にもたらしているからこそ、政府や企業がデータの利活用をベースとしたデジタルサービスを実現させている面もあるのです。

エクスポネンシャルな成長というITの特徴

ITは、指数関数的（エクスポネンシャル）の速度で進化する点で、これまでの技術とは異なる特性があるといえます。私たちはその影響を否応なしに、絶え間なく受け続けます。ITがもたらすエクスポネンシャルな成長について、米国の著名起業家であるピーター・ディアマンディス氏は、自身の共著『BOLD』（邦題『ボールド　突き抜ける力』日経BP）で、「直線的変化」と「指数関数的（エクスポネンシャルな）変化」の2つについて解説しています。

直線的変化とは、従来型のビジネスの成長のように、投下した資本が利益を生んでいけば、右肩上がりに直線的に成長が続いていく変化のことを指します。

しかし、ITに関連する技術やサービスの普及スピードは、①はじめは「水平的」（真っ平ら）でほとんど変化のないように感じられる期間が長く続くため、従来の右肩上がりを描く直線的変化の方こそ成長が早いと思われてしまうのですが、②ある時期から急に変化が感じられるようになり、一気に直線的変化を追い抜き、③その後は限りなく「垂直」に近いような伸び方をするような変化曲線を描く――。これが、ＩＴが示す「エクスポネンシャルな曲線」なのです。

情報（データ）が生み出されてインターネットでつながり始めると、ネットワーク効果に加えて、ＩＴが持つ場所や時間からの制約が少ないという特徴によって、いったん変化が起これば「破壊的に」変わっていく、急成長をもたらすのだという考察です。これまで取るに足らないと思っていた事象が、破壊的な変化をもたらすことになるため、ある時点での意思決定の巧拙が、その後のギャップに計り知れないほど大きく影響する可能性があるのです。

ＩＴは私たちに、場所や時間から受ける物理的な制約からの解放をもたらしました。特にインターネットの浸透によって、情報のやり取りは圧倒的に速く簡単になり、企業のビジネスモデルや私たちの生活スタイルは大きく変わりました。

インターネットの商用開始が本格化したのは、米マイクロソフトがパソコン用ＯＳ（基本ソフト）「ウィンドウズ95」を発売した１９９５年前後からでしたが、その後

2004年までの10年間の世界のインターネット利用人口はわずか1億人だったといわれています。2000年ごろからは金融機関がインターネットを金融サービスの提供チャネルとして研究してきましたが、堅牢《けんろう》なサービスを追求してきた当時の技術者の中には「とても使えたものではない」と忌避する人が少なからずいました。

インターネットという新しいプラットフォームが出てきても、当時のITに対する認識はそのような状況でした。米国の通信会社大手のAT&Tは1999年、ある大手コンサルティングファームに依頼して携帯電話の市場規模予測を行ったところ、全世界でわずか数億人の利用にとどまるだろうとの結論に至ったといいます。当時の状況からすると、その予測も致し方ないことだったかもしれません。

しかし、2008年に米アップルが「アイフォーン（iPhone）」を発売。いわゆる「スマートフォン」が市場に浸透するにつれて、インターネットを取り巻く環境は大きく変化しました。消費者が自らのお金を投じて「我こそ先に」と、このデバイスをこぞって購入し始めました。

「ネットワーク効果」という経済的な考え方がありますが、同じサービスを利用している人が多くなればなるほど、そのサービスの利便性は高まっていきます。今では身近となったSNSを思い浮かべれば、同じサービスを利用している人が増えるほど、やり取りが便利になることを実感できるのではないかと思います。

スマホを起点として、途上国を含めて世界の隅々にまでインターネットが張り巡らされ、お互いにやり取りすることができるようになったのが現在の姿です。まさに「コネクテッド（つながった）」世界へと変貌を遂げてきたといっていいでしょう。

人類はこれまでにも、時間と空間の制約を大きく変えるプラットフォームのイノベーションを経験してきました。鉄道、電信・電話、郵便、映画、ラジオ、テレビといった運輸、通信、メディアがその代表です。これらは一見、誰もがアクセスできる、開放的でオープンなプラットフォームですが、実態としては特定企業が情報（データ）を中央集権的に扱っていたのが実態でした。

しかし、どんなに中央集権化されたプラットフォームも、一定の役割を終えると最終的には「独占の解消」に向かっていったことが、これまでの歴史が示しています。世界的にも国営企業は徐々に民営化され、「独占の解消」へと向かっています。人類は、独占による最も大きな弊害は「無イノベーション状態」、つまり事業構造の固定化がもたらす社会の停滞にある、と学んできたため、それを崩すことが新しい、生産性の高い事業体制を生むのだと考えてきたのです。

だとすれば現在、ＧＡＦＡによって独占・寡占されているように見えるＩＴの世界も、現在の一元主義的なグローバリズムからさらに発展した状態を目指していくとは考えられないでしょうか。単に利便性や利得性でのみ利用されるのではなく、より多くの人間がサステナブルな社会を享受できる「共生社会」を実現していくには、今後は一定の「制約」が必要になる可能性があります。

次々と生み出されるＩＴの成果物に対して、共生社会を構成する多くのメンバーから「コンセンサス」を得られる形で、楽観と悲観の両面のバランス（均衡点）を探ることが求められるのではないでしょうか。

サステナビリティとは「環境変化に対応する安定的な取り組み」

私たちの行く末は、産業構造全体の変化や、ＡＩの普及、企業による個人情報の取り扱いに対するトラスト（信用）の変化など、既存の産業構造の延長線上にはない「不確実なもの」が増えていくでしょう。

そのような独占的ともいえるプラットフォームに、イノベーションの芽が摘み取られるような社会（ディストピア）であってはならないと考えます。ただ、本書で論議したいことは、こうした一元主義的グローバリズムやプラットフォーマーがもたらす恩恵を否定することではありません。人と社会との関係性の中でＩＴの存在感が高まれば高まるほど、人とＩＴとの関係性を真剣に考えなければならない時代になっているということです。

新しいことやセンセーショナルなことを否定はしませんが、社会課題の解決に取り組むということは、「ＩＴがあれば何でもできる」とか「法が許可しているから」「市場が評価しているから」ではなく、「私たちの社会との共生を実現するまでその取り組みを持続することに価値がある」と考えるからでなければならないでしょう。つまり、サステナベーションであるかどうか、取り組みの持続性という視点が求められる時代になっているのではないか、と筆者は考えています。

サステナビリティは「持続可能性」と日本語で訳されます。これは語感としては、ともすれば「今の状態が維持されること」というイメージを抱きやすいかと思います。

しかし、私たちの暮らす地球の環境が、これ以上の悪化がないように「変わらずに維持すること」に加えて、テクノロジーやイノベーションによって発生しうる変化を積極的に取り入れることで、「より良い社会・経済の姿へと進化し続けること」も私たちが目指すサステナビリティには含まれているのではないかと筆者は考えています。

「現在の状態を維持する」と「環境の変化に対応して進化する」の、どちらかが大きくなったり、どちらかが欠けたりせず、この二面性を見ながら、バランスを保つことが重要なのではないでしょうか。筆者は、「変わらぬことと変わること」の二面性のバランスを保つことが、ビジネスにおいて最も重要かつ難しい命題だと思うのです。

次章以降では「変わらぬことと変わること」の二面性を持ってイノベーションによる共生社会を実現するという観点から、サステナベーションが萌芽し始めている領域を見ていきましょう。

第4章

サステナベーションの萌芽と時代のうねり

改めて「サステナベーション（Sustainnovation）」とは何を意味するのかを考えてみたいと思います。ここまでに、「サステナビリティ（Sustainability）」と、技術革新を意味する「イノベーション（Innovation）」を掛け合わせた造語であると説明してきました。サステナビリティは単に「持続可能性」と考えるよりも、さらに広くとらえて、あらゆる人々が共に生きていける＝「共生」できる社会を、テクノロジーが生み出すイノベーションで作っていくこと。言い換えれば、テクノロジーが共生を実現する社会の状態のことを「サステナベーション」と定義しました。

地球規模で芽吹くサステナベーション

サステナベーションの実現に必要な要素としては、イノベーション（技術革新）によってこれまでトラスト（信用）がなかったためにサステナブルな生活ができなかった人々をすくい上げながら、人、モノ、環境などといった社会的な存在すべてをつなぎ、共生を作り出し広げる――。それを実現しているサステナベーションの萌芽が今、世界各地で成長し始めており、徐々に大きな時代のうねりとなって私たちの住む地球を覆いつつあります。

本章では、サステナベーションに該当する世界各地のスタートアップ企業が力を発揮している5つの事例を取り上げたいと思います。

さまざまな領域においてすでにサステナベーションが進んでいることを実感していただけると思いますが、先を急がれたい方は、事例を飛ばして読み進めていただいても構いません。

日本の漁業文化の持続可能性に挑戦するフーディソン

フーディソンは、2013年に東京都中央区で創業した「世界の食をもっと楽しく」を経営理念に掲げるスタートアップです。その実現に向けて最初にチャレンジしたのが、漁業文化と水産物の流通（商流）に関するエコシステム（生態系）を再構築しようというものでした。

海に囲まれた日本は古くから漁業文化が根付き、独自の流通構造を持続させてきました。世界で人気の寿司をはじめとして、鮮度がよく、おいしい魚を全国から東京など都市圏の消費地に集めてきました。

しかし、最近では若者を中心に魚をあまり食べなくなるなどの「魚離れ」が進んでいるほか、漁業の担い手である漁師になりたいという若い人材が少なくなり、漁業従事者全体の高齢化も進んでいます。

同社の狙いは、水産物の流通についてはＩＴを活用することで、非効率な面が大きかった産地（水揚地）から消費者に届くまでの作業やムダを、大きく省こうとするものです。

例えば、漁師たちが船などを出して釣り上げてきた魚は、まず産地の市場で荷受けされます。その後、産地で仲買人が仕入れ、それを今度は消費地へと送ります。東京では、昔でいえば築地市場、今は豊洲市場がその荷受け地の代表的な消費地市場になります。その消費地市場で荷受けされた魚を、今度は消費地市場にいる仲買人が仕入れて、これを飲食店や小売店に向けて卸す（販売する）のが、一般的な水産物の商流です。

その中で、これまでは商品（魚）が産地の荷受け→産地の仲買人→消費地市場の荷受け→消費地市場の仲買人→飲食店・小売店と渡るごとに、それぞれ別の伝票を起こしては書いて渡していくのが通例だったといいます。

まずは手書きされた伝票を集計し、ファクスで送信し、そのファクスで送られてきた数字（伝票）をさらに集計し、商品を箱へ分けて入れ、納品伝票を作成する……というような煩雑な作業が常態化していました。

水産物の流通段階でのさまざまな数字は農林水産省が把握していますが、こうした商流の慣行を見直すようなことはそれまでほとんどなされず、平成に入っても後期までこうした「伝統的な慣行」が続いていたのです。

フーディソンはこれに対し、産地での荷受けから消費地で飲食店などに販売するまでを一貫したデータでつないで、紙の伝票やファクスなどを使わなくても効率的に伝達していくシステムを構築したのがポイントです。産地で起こしたデータがシールとなり、それを貼り付けた箱を流通させることで簡単に消費地まで送れるようにし、商流の各ポイントで統合されたデータを参照できるようにしました。

フーディソンが初期に実施したテストマーケティングでの結果分析によると、それまで商流の伝票（手書き、集計、ファクス送信など）作業にトータル約4時間かかっていたのが、新しいシステムを導入したところ30分から1時間ほどで済むようになったそうです。同社によれば、国内の漁業全体での人件費は４５００億円で、そのうち3分の1

に当たる1500億円前後がこうした伝票作業の業務に投下されていたといいます。フーディソンの山本徹代表取締役CEOは、「その作業コストを削減できる一方で、もっと売り上げを増やすために顧客サポートに時間を割くことなどができるので、失っていた販売機会を拡大することもできる」とメディアの取材に答えています。

フーディソンは飲食店や小売店が、その日に欲しい魚をスマートフォンのアプリで発注できる「魚ポチ」というシステムも作成し、利用を促しました。2019年9月時点で1万4000店が使用しているそうですが、これも産地で「どんな魚が水揚げされたか」といった情報がわかれば、日常的には扱わない特殊な魚についても仕入れを試みるなど、これまでにない動きにもつながります。

近年は温暖化の影響か、これまでなら北海道周辺にはいなかったブリがその近海で獲れるようになるなど、大きな変化が起きています。しかし、北海道の魚市場ではブリの流通自体が少ないため、産地の仲買人も適正な市場価格がよくわからず、ブリの流通が盛んな関西などに比べると著しく低い価格で消費地に送られるケースが多かったとされます。

中には立派なブリが揚がっても、値段が安いことから廃棄されていたケースもあったといいます。産地で獲れた魚の種類や量といったデータをリアルタイムに近い形で消費地にいる最終顧客（飲食店など）に届けたり、全国の魚の種類別の市場価格を組み合わせたりすることで、漁師や産地が損をしない適正な価格で流通させることが可能になりつつあります。

また、水揚げされてもこれまでならマイナー（売れない）だとして廃棄されていた魚についても、調理レシピをつけて市場に出すことなどで買ってもらう努力をフーディソンは続けています。これも、食卓を豊かにし、また貴重な水産資源のムダ遣いを減らす取り組みとして注目していいと思います。

国連のSDGsでは「14・海の豊かさを守ろう」という目標があり、乱獲などによって枯渇しかねない水産資源のサステナビリティを重視することがうたわれています。日本は伝統的に魚食文化があり、海に囲まれて漁場も多いのに、漁業の担い手が少なく、「将来的に継続できないようになるのでは」（山本CEO）と危機感を募らせるべき場面が増えています。

フーディソンのようにテクノロジーで流通のデータを誰もが利用できるようにし、水産業に関連する多くのステークホルダーが豊かさを実感できるように共生を広げながら持続を可能にすることは、サステナベーションの最たるものといえるでしょう。

ダイヤモンドなどの資源取引をデジタル台帳化したエバーレッジャー

ダイヤモンドをはじめとする宝石などの高級品は、「どのような来歴を持っているか」が非常に重要になってくる高額資産です。「来歴」とは「トレーサビリティ」といってもよく、どこで採掘され、磨かれ、誰が所有者だったのか、などが重視されるといわれています。

2015年4月に英国・ロンドンで設立されたエバーレッジャー（Everledger）は、採掘されたダイヤモンドをスキャンして登録、固有のIDを与えて、産地や所有者といった情報すべてを、ブロックチェーン技術で電子台帳化するサービスを提供しているスタートアップです。

同社はダイヤモンドなど宝石のほか、アート作品や高級車、高級ワインといった換金性の高い高額資産の来歴を管理することで、銀行や保険会社の保険金詐欺リスク、同対策コストの低減などに役立っている会社です。

なぜ、高額資産の来歴を把握することが重要なのでしょうか。

国際市場において高値で取引されるダイヤモンドは、紛争地域で産出されるケースが増えています。採掘作業の多くはアフリカのギニアやリベリアとの国境付近といった、各国政府の監視が行き届かない遠隔地で行われています。規制がないまま原始的な採掘作業が続くリベリアとシエラレオネの国境では、川に潜って採掘をするケースもあるそうです。

採掘で得た利益はその国にはあまり還元されず、ほとんどが外資系採掘企業により国外に持ち出されます。ダイヤモンドの採掘現場では、周辺地域にお金が落とされずに、地元の住民は貧困のまま、というケースが多いのです。そのうえ、貧しさから子どもを学校に通わせることができないだけでなく、子どもたちが低賃金で働かされているなど、さまざまな問題があります。子どもは体が小さいので、ロープを伝って狭い穴でも入り込んで採掘作業ができるため、安い賃金で雇われ搾取されているのが実態です。

小規模かつ零細な事業者に採掘されたダイヤモンドは、今やほとんどすべてが非公式ルート、つまり密輸されて外国に流れているといわれます。こうしたダイヤモンドは限られた事業者が独占していることから、採掘地域では独自の慣習が根付き、技術革新も遅れていました。採掘されてから多くの人の手や市場を経るため、顧客は自分が入手したダイヤモンドが、どこで採掘・カットされたのかという基本的な情報を得ることすらほぼ不可能だったのです。

そうして持ち出されたダイヤモンドによるわずかな産出国側の取り分も、武器購入の資金源となっていることが多いとして、世界的に問題視されています。こうして採掘されたものは「コンフリクトダイヤモンド（紛争ダイヤモンド）」「ブラッドダイヤモンド（血塗られたダイヤモンド）」などと呼ばれることもあります。こうしたブラッドダイヤモンドを国際市場から排除するため、２００２年には「キンバリー・プロセス証明制度」が国連で採択され、世界で99％以上の産地がその対象となっています。

ただ、エバーレッジャーを創業したリアンネ・ケンプＣＥＯは、「ダイヤモンドの来歴は今でも紙ベースで管理されており、紛失や改竄《かいざん》、詐欺に使われる可能性がある。保険業者は年間５００億ドル（約５・５兆円）のコストを強いられている」（同社ウェブサイトより）と指摘しています。

そこでエバーレッジャーは、世界の主要なダイヤモンド認証機関と関係を構築し、それら機関が管理する１００万個を超えるダイヤモンドの情報を、書き換えや改竄が難しいブロックチェーン技術を利用して記録しました。

エバーレッジャーはダイヤモンドの取引履歴と合わせて、ダイヤモンドに刻印されたシリアルナンバーや形状、カッティングスタイル、サイズ、カラット数など、識別に関わる40ものデータをブロックチェーンに収納しています。

この取り組みも、国連のSDGsでいえば「目標1・貧困をなくそう」「目標16・平和と公正をすべての人に」などの目標に当てはまります。

ブロックチェーンという技術でダイヤモンドなどのトレーサビリティを確実に残すことで、顧客も銀行・保険会社も、採掘の産地もサステナビリティを享受できる「三方よし」を実現できる、エバーレッジャーの取り組みも、サステナベーションの典型例といえるでしょう。

前述のリアンネ・ケンプCEOはこう話しています。

「適切な規制によって、ブロックチェーンは最も公正な方法で最も多くの人に利益をもたらします。しかし、透明性よりも効率性を特に重視した不完全なシステムが作られた場合には、ブロックチェーンは本来得られるはずだった信頼を失ってしまう危険性があるのです。悪用されれば、信用を利用して間違った方向へ導き、自由を制限するために使用される可能性もある。透明性のある運用原理とオープンイノベーションのモデルこそが未来だと、私は信じています」

アーティストやその芸術作品をスマート化するスタートバーン

ブロックチェーン技術を使ったもう一つの取り組みを見てみましょう。２０１４年に設立されたスタートバーン（東京都文京区）は、美術品・アート作品をブロックチェーンで管理・値付けし、消費者とつないで流通させることで「アート市場の改革」を目指しているスタートアップです。

インターネットの時代となり、ブログやＳＮＳを通じて、それまで名を知られていなかった人たちが、その才覚で新しい市場を切り開き、業界を盛り上げながらメジャーになっていくケースが多く見られるようになりました。

しかし、アートに関しては、一部の「スター」的な限られたトッププレイヤーしか市場では評価されず、特に新進気鋭の若手アーティストなどは生まれにくい環境のままだったのではないでしょうか。日本では毎年１万人以上が美術大学を卒業しているというデータがありますが、マーケットに流通するアーティストになれるのはわずか1〜2人だといわれています。

多くの商品については中古よりも新品の方が商品価値は高いとされる中で、ことアート作品に関しては新品が最も値段が安いというケースがほとんどであり、アーティストのキャリアや、その作品がどんな人に買われたか、どんな展覧会で展示されたかによって価値が高まっていくという市場となっています。

従来のアート作品は、このような来歴を情報として管理するのが困難であり、ほとんどが画商や評論家などといった専門家の知識に頼らざるを得なかったため、アーティストを売り込む力にも欠けていましたし、アート作品を欲しいと考える消費者にも門戸が開かれていませんでした。それが若手を中心とする多くのアーティストたちの作品が流通してこなかった背景にもなっていたと思われます。

英エバーレッジャーがダイヤモンドに関して来歴をブロックチェーンで管理できるようにしたように、アーティストやアート作品の来歴を管理し、作品が売買されるたびにアーティストに収益が還元される仕組みを作ることができたら——。これがスタートバーンを創設した現代美術家でもある施井泰平・代表取締役最高経営責任者（CEO）の発想の始まりだったそうです。

アート作品の市場流通規模は世界で約7・5兆円もあるといわれています。その市場におけるプラットフォーマーとして、スタートバーンはアーティストの価値向上や、作品が売買される際の収益還元によって次の作品を創作していく活動資金を得られることに貢献しています。そのうえ、売買を増やすことでアート市場を活性化し、さらにはアーティストの経験と来歴が広く消費者に認知される機会を創出し、ひいては芸術文化の持続性（サステナビリティ）向上に貢献するビジネスモデルと考えられます。SDGsでは「目標9・産業と技術革新の基盤をつくろう」に寄与しているケースではないでしょうか。

スタートバーンの企業ウェブサイトには、「世界中のアーティスト、そしてアートに関わる全ての人が必要とする仕組みを提供し、より豊かな世界を実現する」と書かれています。

また、同社はオンライン上でアート作品を流通させる自社運営のサービス「startbahn」も展開しています。デジタルでのプラットフォームではあるものの、アーティストとバイヤーを「つなぐ」ことによって、これまで発掘できなかったアーティストやアート作品を見つけ出して提案することが可能になるかもしれません。

例えば、百貨店の外商担当者が富裕層である得意先に営業する際に、スタートバーンのプラットフォームを活用すれば、新しい作家やアーティストを紹介することによって彼らの才能の育成とその価値の向上にもつながる可能性があります。

オンラインの世界でつながったトラスト（信用）の関係が、リアルの世界にまで広がっていくという意味で、イノベーションによってサステナビリティと共生社会の広がりを実現するサステナベーションとして注目していきたいと思います。

スラム向け火災報知器をベースに保険販売と融資に取り組むルムカニ

南アフリカのルムカニ（Lumkani）は２０１４年に発足した社会問題解決型のスタートアップです。

試行錯誤を重ねてスラムなどの住宅密集地に向いた熱感知式の火災報知器を開発し、スラムに住む低所得者に「1カ月につき70ランド（＝牛乳３本分、約４５０円）」という非常に安い価格で提供することで、スラムの住民がこれまで加入することができなかった火災保険に加入できるようにトラスト（信用）を創造したのがポイントです。

契機となったのは、2013年の元日に南アフリカの第二の都市、ケープタウンにあるスラムで起きた火災でした。折からの強風にあおられ、火はまたたくまに燃え広がり、1000棟あまりの住居が焼失する被害に遭いました。

こうした火災をどうにかしようと立ち上がったのが、ルムカニを創立したデビッド・グラックマン代表ら6人の若者でした。南アフリカ全体では2700カ所ものスラムがあり、国民の約1割がそこで暮らしているといわれています。その住居は木や段ボール、プラスチックといった資材で造られており燃えやすく、大きな火災が発生する危険性は非常に高かったのです。

また、調理や暖をとるにも火を燃やして使っていたのでたくさんの煙が発生し、従来の火災報知器では感知動作が敏感すぎて、スラムの住宅では使い物になりませんでした。そのうえ値段も高く、低所得者層がほとんどのスラムでは火災のリスクはあっても取り付けられる人が少なかったのです。

そこで、ルムカニを立ち上げた6人は、低コストで取り付けることができ、周辺の温度の上昇率を計算することで火災の発生を通知してくれる、新たな早期警報型の火災報知器を開発。ネジ2本とボタン、点滅灯がついている青い箱の報知器は極めてシンプルなものですが、これを半径60メートル以内に設置された他の報知器と同期させることで、1台が火災を感知して警報を発すると、その近隣にも警報が出されるようにしたのです。住民は本格的に火の手が上がる前に、火を抑えるために対応できる時間が増えるわけですから、大火災になる前に火を消し止められる確率も上がります。

さらに、火災報知器から得られるさまざまなデータによって、マイクロ・インシュランス（小口保険）を提供することが可能になりました。マイクロ・インシュランスとは、低所得層を対象に低価格で提供される保険のことです。南アフリカでは保険の普及はまだまだこれからの面があるようですが、熱感知式の火災報知器というIoTデバイスを活用するスキームによって、これまで保険という金融商品の恩恵を受けられなかった人々にもトラスト（信用）を与えて共生社会を広げたわけです。

加えて、スラム街の火災防止や治安の向上といった作用は、SDGsの「目標10・人や国の不平等をなくそう」の実現にも貢献しているといえ、サステナベーションの強力な一例として参考にできるでしょう。

気象データを活用して熱中症を予防、適切な人員配置を実現した鹿島とハレックス

大手ゼネコン（総合建設会社）の鹿島建設は、新しい熱中症対策ツールを活用して、夏場の工事現場での適切な人員配置を模索する取り組みを始めました。気象情報を活用したサービスを展開するハレックス（東京都品川区）と共同で、午前6時から正午までの1時間ごとの気温の合計（積算気温）を求め、それが熱中症の発症数と相関関係があることを参考にして、当日や翌日の熱中症の発生危険度を現場ごとに予測・提示するシステムを活用しているのです。鹿島建設は関東支店管内の全現場にこの仕組みを導入しました。

導入以前には、作業を管理する現場監督が自分自身の感覚で、休憩をとるように指示したり、人員の配置を見直したりといった対応をしていました。しかし非常に多くの人間が働いている工事現場で、すべての作業員を管理するのは、ほぼ不可能だったと思われます。

温暖化の影響なのか、日本の夏はこのところ猛暑になる傾向が続いています。作業員

が働いている時間帯に外気温が40度近くなる酷暑の日も多くなり、熱中症になるリスクはますます高まってきています。

一方で、建設業界では労働者層の大きな割合を占める団塊世代の引退時期が近づいています。10年後には大幅な労働者数の減少が予想されており、他の業界と比べて労働時間が長く、東京オリンピックなどの開催と相まって大型プロジェクトの工事が増えている昨今、多くの建設現場では週休2日制も十分に実施されていないことなどが問題になっていました。

このような状況を改善するために、建設業界は働く環境や条件を改善し、若手にとって魅力的な職業にしていく必要があるとの観点から、2018年3月には国土交通省が「建設業働き方改革加速化プログラム」を策定。「長時間労働の是正」「給与・社会保険」「生産性向上」の3分野で対策をまとめるなど、「働き方改革」の視点から対応が求められています。

働いている時間の累積温度からその日の熱中症リスクを把握し、必要な従業員には休んでもらうことで、現場で働く人のリスクを低減するほか、建設プロジェクトの発注者にとっても工期の安定化につながるなどメリットは大きいと思われます。

SDGsでの「目標8・働きがいも経済成長も」の実現に資するものだと考えられます。気象データの分析というITを活用して変革する取り組みであり、建設現場の人手不足が深刻化する日本の建設業界のサステナビリティを確保するという観点からも、サステナベーションの一つとして考えていいでしょう。

「シュタットベルケ」という地域共生社会の作り方

これまでスタートアップ企業での展開を中心に、社会問題の解決などに向けて新たなイノベーションでサステナビリティを高めていくサステナベーション的な取り組みを見てきました。

それぞれのサステナベーションが、国連のSDGsの17項目のどれに対応するかについても見てきました。SDGsは決して、抽象度が高すぎて具体的な取り組みにつながりにくい目標ではありません。身近なことから解決していく課題であり、それらを個人が、スタートアップが、そして大企業がそれぞれの生活や事業活動の中で取り組んで解決に寄与していけるものです。そして、私たちの周りで日夜起こっている技術的な発展・成長とイノベーションが、その目標達成を一段と容易にしているのです。

ここで、自治体が主導となって地域全体のサステナビリティの確保と共生の拡大を図っている事例として、ドイツの「シュタットベルケ（Stadtwerke）」について検証してみたいと思います。シュタットベルケとは、日本語では「都市公社」と訳します。

わかりやすくいうと、地域のエネルギーや公共交通機関、公的な施設などの運営を手がける組織体のことで、自治体が出資して設立されます。しかし、その組織自体は民間企業として経営されている企業体です。

日本では、第三セクターのような事業体が地域の公的な施設や交通機関を運営している例があります。ただ、どちらかというと、もともと赤字経営に陥るのが避け難い公共的な事業（もしくは補助金の投入などにより存続している公的事業）を、自治体の予算（＝税金）で持続させている、といった側面があるかと思います。第三セクターは地域の税金などが絡むため、議会などとのすり合わせも必要になるケースが多く、新たな取り組みや事業の取捨選択をする際には決定に時間がかかってしまうことなども課題となっています。

一方、ドイツのシュタットベルケは、自治体はあくまで「株主」であり、株主としてその経営を監視しながらも利益が出れば配当などで享受できる権利を持っています。そして、経営自体は民間企業としてリスクをとりながら合理的でスピーディな判断ができるため、日本の第三セクターよりも民間に近い事業体となっているのが特徴です。

そのようなシュタットベルケはドイツ全土で約1400社あるといわれ、そのうち900社は電力事業などを手がけているなど、地域のエネルギー供給というインフラ事業を担っている存在です。ドイツの電力小売市場ではずっと、シュタットベルケが約20%のシェアを維持しています。

ドイツにおいてシュタットベルケの歴史は古く、19世紀後半から存在するものもあり、その時代時代で必要とされる地域社会のニーズをくみ取りながら、黒字経営を維持する形で必要なサービスを提供して存続してきました。最近でも新しいシュタットベルケを設立する動きがあるそうで、地域社会のサステナビリティを維持し高める存在として注目されています。

エネルギー事業の安定的な利益で地域公共性を持続

本書では、ドイツ北西部のノルトライン＝ヴェストファーレン州にあるオスナブリュック市のシュタットベルケである「オスナブリュック・シュタットベルケ」の事例を検証してみましょう。

オスナブリュック・シュタットベルケは1858年に設立された、オスナブリュック市が全額出資している組織です。同市内で、電力供給、ガス供給、地域熱供給（各家庭のセントラル・ヒーティング・システムに冬季を中心に熱源＝湯を供給する）のほか、飲料水供給と都市下水道の処理、バス156台を持つ公共交通、そして3つの公共温水プールの運営を手がけています。まさに、地域のエネルギー、上下水道、公共交通機関・施設のインフラを担っている経営体です。

このうち、電気、ガス、地域熱のエネルギー系と、上下水道については黒字経営を続けています。ほぼ地域内の供給を独占しているビジネスなので、整備さえ怠らなければ毎月、各家庭から利用料が入って収益が発生するビジネスモデルです。一定期間ごとに電力やガスを供給する事業体（広域の電力会社やガス供給会社など）を選ぶことで競争

オスナブリュック・シュタットベルケの基本データ

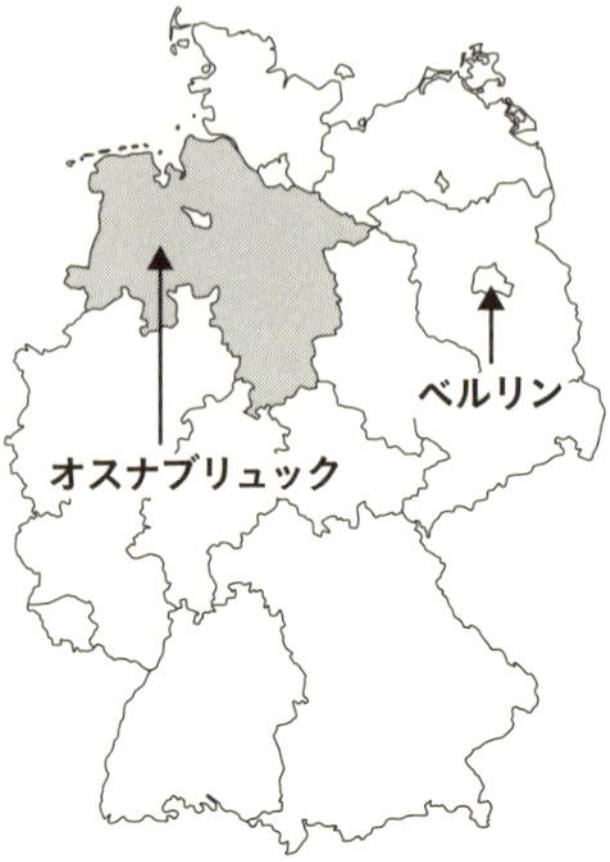

主要指標	
雇用者数	901名
総資産	564.6M€
売上	435.9M€
資本	162.9M€
投資	65.6M€

- オスナブリュック市の100％出資会社。
- オスナブリュック・シュタットベルケは、1858年の設立以来、飲料水供給サービス、電力供給サービス、公共交通サービス、港湾の運営サービス、地域熱供給サービス、プールの運営サービスなど時代の変遷とともにサービスを拡張して現在に至っている。

1858	1890	1905	1906	1958	1964	1993	2001	2003	2007	2010（年）
ガス供給	飲料水供給	電力供給	公共交通	港湾運営	投資会社	地域熱供給	都市下水道	プール運営	再生可能エネルギー	街灯運営

出典：オスナブリュック・シュタットベルケのプレゼン資料を参考にエヌ・ティ・ティ・データ経営研究所作成

原理を働かせ、市民が無理のない範囲で高い生活水準を維持できるようにしているのです。

一方、年間でのべ3600万人以上が利用する公共交通機関（バス）と、同125万人が利用する公共プールについては、部門別で見ると赤字になっています。しかし、オスナブリュック・シュタットベルケは、オスナブリュック市の都市公社として「地域の需

オスナブリュック・シュタットベルケが管理運営しているインフラの概要

エネルギーに加えて、上下水道、公共交通など幅広いインフラの管理・運営を行っている。

	売上等	接続世帯数等	その他
電力供給	1,100GWh/年	37,113	配電網総延長：2,323km
ガス供給	2,900GWh/年	30,138	配管総延長：807km
地域熱供給	56GWh/年	305	配管総延長：9km
飲料水供給	1,000万m^3/年	32,339	配管総延長：635km
都市下水道	2,150万m^3/年	—	処理施設数：3
公共交通	バス：156台	（利用者数）36,100,000人/年	—
公共プール運営	プール数：3	（利用者数）1,250,000人/年	—

出典：エヌ・ティ・ティ・データ経営研究所（平成29年度「エネルギー構造高度化・転換理解促進事業」唐津市地域エネルギー創出事業企画調査委託業務事業報告書）を参考に筆者作成

要がある以上は赤字でも、他部門で上げた収益をもとに継続していく」という方針です。つまり、シュタットベルケ全体として黒字であれば、地域に必要とされるバスやプールは運営を継続することで公共の利益を確保する、という発想です。

　これだけであれば、サステナベーションというよりも街としてのサステナビリティだけを重視しているかと思われるかもしれませんが、特筆すべきは最先端のITを活用してエネルギーの効率化と制御を追求する組織に変わってきていることです。「エネルギー管理のデジタル化」「老朽化した暖房供給網の近代化」「車の電気自動車（EV）化に伴う充電インフラの整備」といった、エネルギー供給のイノベーションを事業に取り入れている点です。

オスナブリュック・シュタットベルケは民間企業のように「研究開発（R&D）部門」も組織として備えており、そこで開発した技術――例えば、地域熱を効率的に使って市内全体のエネルギー消費量を減らすといった技術で特許を取得し、これを全ドイツで利用できるようにしたことでパテント（特許）収入も得ているのだといいます。

また、部門別では赤字となっているバス事業でも、「オスナブリュック・シュタットベルケは地域に貢献しています」というようなキャッチコピーをバスのラッピング広告として打ち出すことでブランド力を高めて、市民が複数の事業者の中からオスナブリュック・シュタットベルケを自然に選んで、そのエネルギー事業（電力、ガス、地域熱）を利用するように働きかけています。

ドイツは1998年に電力が完全自由化となり、2000年からは再生可能エネルギーの固定価格買取制度（FIT）が導入されており、20年もの時間をかけて電力の供給・小売りについてのさまざまなノウハウを積み上げてきました。

　このため、オスナブリュック市民は現状、シュタットベルケが供給するよりも安い電力を購入することも可能ではあるのです。しかし、「地域の持続性を確保する」という観点から、オスナブリュック・シュタットベルケを選択する市民が圧倒的に多いのだとか。ラッピング広告を施したバスは、こうした市民のエンゲージメント（絆意識）を高める役割も果たしているようです。

　以上、ドイツのシュタットベルケは、「地域経済への付加価値」という視点を取り入れることで、一元主義的なグローバル資本主義経済とは一線を画している点に注目すべきでしょう。一般的に事業を経営するうえでは「黒字か赤字か」という視点にとらわれがちですが、地域経済への付加価値と考えるならば黒字と赤字のバランスをとりつつ、地域のサステナビリティを意識した取り組みが可能なのだということを示しています。

　さらに、シュタットベルケが地域の雇用や税収に大きく貢献していることも重視されるべきでしょう。ドイツ全土に約1400社あるとされるシュタットベルケには、のべ26万人もの市民が雇用されているとの調査もあります。そして、その収益を地元に還元することで、より健全な地域のサステナビリティを高める組織体として住民たちに信頼されていくのだと思います。シュタットベルケは民間企業的な経営によって組織の規律やコンプライアンスを保っているといえるでしょう。

「三方よし」の理念も含めて、本業を通じたサステナビリティに貢献する取り組みだといえます。それゆえ、筆者はシュタットベルケの事例も、経済性を確保しながら社会性や環境性に配慮したビジネスモデルという点で、サステナベーションを実現しているとみなしています。

社会インフラを担う事業体が、イノベーション・マインドを持って事業経営を変革することで、本業の持続的成長を図りながら地域の共生を実現しようとする姿勢は、我が国のインフラ事業を担う公的な事業体にとっても、大きな示唆になりうるのではないでしょうか。

日本でも広がるシュタットベルケ的な発想

ドイツのシュタットベルケについては、その「地域経済付加価値の向上」というテーマを日本にも取り入れようという試みが徐々に広がってきています。

一般社団法人の日本シュタットベルケネットワークが旗振り役となって、日本各地で「地域エネルギー会社」という形で日本版シュタットベルケを推進しようという動きが出始めています。

佐賀県唐津市は、「唐津市地域エネルギー推進戦略会議」という地域エネルギー会社を設立しました。収益の柱は電力事業ですが、これに加えて「市民のための価値向上」を実現するため、地域商社も設立してサービスを提供することや、資金を地域に循環することと、他地域への地域特産品の販売による収益を獲得する仕組みを構築しています。

唐津市以外でも、神奈川県逗子市（電気とガスの小売り）や、愛知県岡崎市（CO_2の削減に取り組む街づくりでスマートコミュニティ事業を起点とした地域エネルギー会社を設立）で取り組みが行われており、注目されています。

また、広島県三次市では「リユースバッテリーを活用したエネルギー利用モデル」を提案。人口の減少や高齢化が進んでいる三次市の中山間地域などにある「道の駅」に生活サービス拠点や地域活動の場を集約して、そこと周辺の集落とをネットワークで結ぶ取り組みが始まっています。これは、市内の運転免許試験場の近くにあるメガソーラーで発電した電力を、市内で集めたリユースバッテリーに蓄電し、そのバッテリーを「地産電力」として、〝地域の足〟となる電気自動車（ＥＶ）の運行に使うというものです。

この地域モビリティとなるＥＶは、人だけでなくさまざまな荷物も運べるように設計され、これを市内の中山間地域を定期的に循環させることで、過疎・高齢化の進む集落でも効率的に「人・モノ」を移動できる交通システムとして稼働させようとしています。

これが実現すれば、一般廃棄物を再活用しながら、地場の電力を公共のために使うことで共生を維持していくことが可能になるモデルになりうると、期待が集まっています。

第5章

サステナベーションをどう実践するか

大手企業こそサステナベーションへの取り組みが不可欠

本書は「サステナベーション」について、①地球規模でのサステナビリティ（持続可能性）の確保・維持、②これまで以上の人々を取り込んで「共生」できる社会を広げていく、③特にITを活用したイノベーションによって本業で利益を生み出しながら持続的に成長する、という3つの観点を掲げてきました。

前章までは主に、国連SDGsの採択などで世界的に台頭し始めている新しい動きについて、特にスタートアップやベンチャー企業の取り組みを中心に検証してきました。

こうしたサステナベーションについて、現時点でも隆々たる既存事業で利益を生み出し続けている大手企業は何ができるでしょうか。新しい時代を創っていくため、一国の経済の中で大きなポジションを占める大手企業もすでにSDGsに積極的に取り組み始めています。

第1章などで指摘したとおり、若者を中心としたY世代、Z世代や、それに続くさらに若い世代が主流となる時代には、大手企業もその経営方針において、この流れを加速させていかなければなりません。

それでは、各企業が「サステナベーション的な取り組み」によって新しい時代にふさわしい「サステナビリティと共生の拡大を担保する新事業」を生み出して（イノベートして）いくためには、どのような取り組みを推し進めなければならないのでしょうか。

日本企業の多くは世界が注目すべき技術資産を生み出してきました。その技術は、第二次世界大戦後の復興期から高度経済成長を支え、さらに日本企業が世界へ羽ばたくきっかけとなる新しいイノベーションを数多く生み出しました。

「戦後日本のイノベーション100選」をまとめた公益社団法人発明協会は、そのトップ10として、内視鏡、インスタントラーメン、マンガ・アニメ、新幹線、トヨタ生産方式、ウォークマン、ウォシュレット、家庭用ゲーム機・同ソフト、発光ダイオード、ハイブリッド車を挙げています。

いずれも世界中のマーケットに羽ばたいた技術・商品でした。さらに、日本には戦後だけでなく、鎖国をしていた江戸時代にも当時の世界の最先端をいくイノベーションが多く生まれていたことが、後世になってわかってきています。

これまでの世の中に大きな恩恵をもたらしてきたこれらの技術ですが、単に過去の「栄光」として残っているわけではありません。その技術資産をもとに、次世代の新しいイノベーションを生み出す資産となっている例が多く見られるのです。すでに減価償却が済んだように思える過去の技術が、別の角度から光を当てることで再活用できるケースが出てきています。

21世紀を迎えても、日本では国民の2人に1人が罹患し、3人に1人の死因になっているという「がん」。がんを確実かつ早期に発見するのは、日本人だけでなく世界中の人々にとっても重要な医学的テーマだと思います。さまざまな医学研究者、製薬会社、医療機器メーカー、バイオベンチャー企業などがこぞって新しい技術の開発にしのぎを削り、事業化を目指して動いています。

「過去の技術」を活用してがんの早期発見に取り組むJVCケンウッド

そうした動きの一つに、体内の細胞から分泌され、血液や唾液などに含まれているという小胞顆粒「エクソソーム」を検査することで、がん疾患の有無やがんの種類を特定する研究を行っている企業があります。

これは、国立がん研究センター研究所の落谷孝広プロジェクトリーダーが、2007

年に英医学誌に掲載されたスウェーデンの医療チームによるエクソソームに関する学術論文を読んだことがきっかけになったといいます。

１９８３年に発見されたエクソソームは、タンパク質のほか「メッセンジャーＲＮＡ（リボ核酸）」、マイクロＲＮＡなど種々の物質が内包されている約50〜１００ナノ（１ナノは１００万分の１）メートルのごく微小なカプセル状の粒の形をしているといわれます。このカプセルは当初、細胞内の不要な老廃物などを中に詰めて外に運び出す、一種の「ごみ袋」だと考えられていました。

しかし、２００７年の論文では、エクソソームの中に大量のＲＮＡが含まれていることが判明したと発表されます。このうち、マイクロＲＮＡが細胞同士の情報伝達の役割を担っていることを落谷氏が10年に解明します。がんは、自分の細胞から出るエクソソームに転移を引き起こすマイクロＲＮＡを入れて血液に乗せて全身へ送っているため、血液を調べればがん罹患の有無を検査できることを発見したのです。

このエクソソームを測定する機器について研究・開発を始めたのが、ＡＶ機器大手のＪＶＣケンウッドと医療機器メーカーのシスメックスでした。２０１６年のことです。

シスメックスは神戸市に本社を置く東証１部上場企業で、血液中の赤血球や白血球などの数・種類・大きさを調べる「血球計数検査」では、世界シェアの8割を占める最大手です。血球計数検査を中心に、検体検査領域のほぼすべての検査分野で事業を展開しているため、エクソソームの検査という点では技術の蓄積が大きい会社といえるでしょう。

一方で、JVCケンウッドはエクソソームの測定という医療分野でどんな技術を活用したのでしょうか。それは、インターネット時代になって徐々に記録メディアとしては使われる機会が少なくなりつつあるDVDやブルーレイ（Blu-ray）ディスクで用いた光ピックアップ技術でした。

両社が2018年に開発したエクソソーム測定システム「エクソカウンター（ExoCounter）」は、幅260ナノメートルというごく細い幅を円盤（ディスク）状にした溝の中に、これまた極小のナノビーズと呼ばれる球状の抗体で押さえつけます。この溝の中にあるエクソソームをブルーレイの光ピックアップ技術で読み込むことで、エクソソームが持つ情報の読み取りに成功したのです。

測定器のエクソカウンターは、光学ヘッドを用いてエクソソームを一つずつ検出できるうえ、専用のデジタル処理回路で最大で毎秒約20万個のエクソソームを正確に読み出せるというものです。このエクソカウンターで実際に測定したところ、がんに特異的なたんぱく質を表面に持ったエクソソームを高精度で検出できたというのです。

早期がんを発見する血液検査はいまだに世界でも実現されておらず、この分野では日本の医療チームや企業が先端を走っているのだそうです。かなり早い時期に実用化が見込めるのではないかといわれる血液でのがん発見システムは、単に日本の技術革新が世界をリードしているということ以上に、サステナビリティ的にも大きなメリットがあります。

まず、血液内にあるエクソソームから、がんの可能性を高い正確性で早期に発見できるとすれば、それまで医師の診断でも見つけられにくかったがんという病気が、従来に比べて非常に安価に診断できるようになります。

これは国連SDGsの中では「目標3・すべての人に健康と福祉を」に該当します。これまでがんの早期発見という医療行為に接することがなかった人々にも、新たに診断を受ける機会を提供するという意味で、共生社会の拡大にも一役買っているので、SDGsの「目標10・人や国の不平等をなくそう」にも該当するでしょう。

さらに特筆すべきは、すでに技術としては長い間の検証を経て世の中に定着していた光ピックアップという技術で、新しい活用法を生み出したことです。純粋な技術的イノベーションという点では、新しい画期的な発明ではないかもしれません。しかし、これまでにある技術を他の分野、特にＳＤＧｓの達成に寄与する分野で再活用できるという点では、非常に興味深く意義のあるイノベーションといえるのではないでしょうか。

蓄積した技術資産がサステナベーションの源泉に

前述の点で、日本企業はこれまで戦後の昭和の時代から長く培ってきた技術の蓄積によって、サステナベーションの実現に向けて新しい活用法を生み出していく力が大いにある、ということができるかもしれません。

台湾、韓国、中国などで活用されている半導体の構造技術や製造技術に関しても、その多くが日本で開発され、誰もが簡単に扱える装置として製品化されたことで世界に広まっていきました。安全を確保する自動車の制御技術や、機能性が高く世界をリードするような先端的な素材技術でも、まだまだ日本には「一日の長」があります。

このような蓄積された技術は、ＧＡＦＡが提供するようなグローバル・プラットフォームにはなりにくい、または、なりえないかもしれません。しかし、世界でまだまだ多くの貧困層や低所得者層が手にできていない、これから人類としての共生の範囲を広げていく可能性を持っている技術が多く眠っていると考えることはできないでしょうか。

２０１９年12月にアフガニスタンで凶弾に斃《たお》れた中村哲医師の事例でも、過去の技術的蓄積が多くの人を救い、貧困を減らし、共生社会を広げたことがわかります。

隣国のペシャワールで医療活動をしていた中村医師は、国境を越えてやってくるアフガニスタン難民に接する中で、アフガニスタンでの医療拠点を整備しようと１９７０年代から長年努力してきました。その中で、２０００年ごろに起こった歴史的な大旱魃《かんばつ》の被害に遭った住民らを捨ておけず、枯れ果てた砂漠地帯に運河を造ることで貧困から救おうとしたのは、今ではつとに有名でしょう。

その際、地域を流れる大河川から砂漠地帯へと水を引き込むのに、中村医師の地元である福岡県を流れる筑後川で江戸時代に造られた「山田堰《やまだぜき》」を参考にしたそうです。自ら江戸時代の書物をひもといて研究し、運河づくりに役立てたことはテレビなどでも放送されて多くの人が知るところとなりました。日本には昔の技術であっても、まだまだ実用に供することができる知的資産が眠っていることがわかります。

クルマを運転したい人の共生社会を広げた安全のサステナベーション

ＪＶＣケンウッドについて、もう一つの「過去の技術資産を活用した事例」を見てみましょう。

同社は２００８年、当時のＡＶ機器大手だった日本ビクター（ＪＶＣ）と、通信機器やカーナビゲーションシステム（カーナビ）大手だったケンウッドが経営統合して誕生した企業です。音響・映像と、カーナビという２つの事業を融合して、自動車分野で新たなイノベーションを起こしています。

それは、高度な映像処理技術を駆使した「通信型高解像度ドライブレコーダー（ドラレコ）」の製品化と、サービスの高度化です。

通信型ドラレコは、ＪＶＣが「祖業」として培ってきた映像・光学技術によって運転中の様子を高画質で録画できるようにしたうえ、大容量の無線通信回線（ＬＴＥ）による通信機能を搭載したものです。撮影した映像の保存だけでなく、運転している人の急加速や急減速といった運転情報や、どこをどの程度のスピードで走ったかなどの位置情報をクラウドサーバーへ送信できます。

撮影するのは前方にあるフロントカメラでの外部の様子に加え、車室内の撮影にも対応しています。２つのカメラで外部と内部を観察・録画することで、ドライバーの居眠りやわき見運転、さらには携帯電話での通話といった危険運転を検知。これによって重大事故の発生を未然に防ぐことにつながります。

さらに、ドライバーが誰なのかを顔認証技術で判断する機能も搭載したほか、個人情報や顧客情報を保護する目的からドラレコ本体を暗号化して処理することで、本体の液晶画面で過去に撮影した動画を閲覧できなくしたそうです。

これによって、ドライバーの運転の「質」を判断できるようになったのが、損害保険会社です。ＪＶＣケンウッドは２０１８年４月にあいおいニッセイ同和損害保険と、19年からはＭＳ＆ＡＤインシュアランスグループホールディングスの三井住友海上火災保険などにこの通信型ドラレコを提供するサービスを始めました。

損保と契約したドライバーが自分のクルマにドラレコを搭載することで、事故が起こった時の状況を把握し、過失があるのかないのかなどを判断できるようにしました。さらに、安全な運転をしているドライバーには保険料を安くするなど、さまざまな特典を与えられるようにもしています。

最近では、ドラレコによる録画映像がSNSや動画サイトで公開されたり、テレビ報道などで放映されたりするケースが増えています。高速道路での危険なあおり運転などが社会問題として取り上げられるようになったのも、自分の運転するクルマにドラレコを搭載した人が増えたことが関係しているでしょう。

「減価償却済みの技術」で新たな地平を開く

それまではドラレコといえば、途上国などで生産された安価で画像の品質があまりよくない製品も出回っていました。ドラレコの普及が急速に進む中、旧JVCと旧ケンウッドが長い歴史の中で脈々と培ってきた技術を組み合わせて、高解像度の映像をテレマティクスで瞬時に送れるようにしたことで、新しい共生社会を海外で開くことにもつながっています。

その一つが、インドネシアやシンガポール、タイ、マレーシア、中国などで、スマホ向けの配車サービスアプリの最大手となったグラブ（本社シンガポール）との提携です。通信型ドラレコを、同社に登録した車両に提供することで、ドライバーの安全性を高めるサービスを始めたのです。

グラブは、個人が所有する自動車を自分で運転しながら他の人を乗せて目的地まで送るライドシェアのほか、タクシーの配車、食料品のデリバリーなどの多様なシェアリングサービスを展開しています。タイなどでは米ウーバーテクノロジーズなど先行していた事業者を撤退に追い込みトップシェアを握るようになりました。

2019年春から提供を始めたドライバー向けセキュリティサービスは、2つのカメラを搭載したドラレコで車内外の映像を高画質で録画できるのが特徴です。通信機能も搭載しており、緊急時に使用するボタンを押すと車内外の映像や位置情報といった各種のデータが、グラブのコールセンターへ自動送信されるようになっています。

事故のほか、乗客からの犯罪行為があった時など、緊急時に迅速なサポートをドライバーに提供できるわけです。また、この通信型ドラレコを搭載している車両には、「カメラが搭載されています」と書いた独自デザインのロゴステッカーが貼られるため、犯罪の発生を未然に抑えることにもつながると期待しているようです。

これも、サステナビリティと共生の拡大という観点から非常に示唆に富むものがあります。国連のSDGsでいえば「目標9・産業と技術革新の基盤をつくろう」「目標11・

住み続けられるまちづくりを」「目標16・平和と公正をすべての人に」といった項目を満たすのではないでしょうか。

日本が歴史的に育んできた共生社会を広げるトラスト

筆者は工学部出身で、ロボットを通じた機械学習――今でいうAIの自動学習につながる研究を進めてきた経験があります。一方で、普段は歴史について学んだり歴史小説を読んだりするのが大好きで、さまざまな文献をひもとくことを趣味としてきました。

そのように歴史に触れる生活をしてきた中で、ふと発想した言葉である「サステナベーション」について考察するうちに、「サステナベーションは日本人が昔から自然と備えてきた視座ではないのか」と思い至るようになりました。

トラスト（信用）を拡大することで商売（ビジネス）を広げるという点では、これまで日本人はさまざまな工夫（イノベーション）を生んできたのではないか、と考えたからです。

古《いにしえ》の小さな地域社会の限られた境界＝村の中で生き、そのコミュニティ内では全員がお互いを知っていた時代。この時代の人間は、それぞれの個を直接知ることで、お互いが「コミュニティの中でどんな行動をしているのか」を観測できたことから、その個を信用（トラスト）することができるという関係性の中で共生していました。

やがて、社会や経済が発展する段階になると、村の範疇を超えた外のコミュニティとの関係性が一般化していきます。そのような社会・時代には、「契約」が人と人との関係性を規定するようになりました。さまざまな契約や法律を通して、人と人との共生を支える「トラスト」が媒介され、商業が地域の境界を越え、関係性は拡大し、共生社会は拡大を続けていったと考えることができます。

そのような背景をベースに、次の例を考えてみたいと思います。

現在の岡山県北部には、中世のおよそ12世紀から16世紀まで約400年間も続いた「新見庄《にいみのしょう》」という荘園がありました。荘園の領主は東寺《とうじ》という京都にある真言宗の総本山の寺院でした。唐（今の中国）から真言密教を持ち帰り真言宗を開いた空海が西暦823年に当時の嵯峨天皇から下賜《かし》された寺院で、真言密教の根本道場となりました。

この時代は世の中が大いに乱れ、誰を信用（トラスト）してよいかわからない社会情勢でもあった頃です。当時の荘園から領主である京都の東寺へ上納品（いわゆる年貢）

を直接運送することは、大きなリスクを伴いました。

そのため実際には上納品を仲介する山崎商人との間で、上納品という現物を運ぶのではなく、「割符《さいふ》」と呼ばれる文書を信用状（トラスト）として作成しました。この「割符」を京都の東寺まで配達することで年貢を納めたことにしていたのです。

もし、このようなトラストを与える手段がなければ、新見庄と年貢の寄進先である東寺との関係性は途切れ、それぞれのコミュニティは関係性が分断されてしまい、当時の西日本に広がっていた「共生の範囲」は縮小していった可能性があります。

ちなみに、新見庄の当時の実態について今を生きる私たちがいきいきと語ることができるのは、こうした信用状などが東寺に保存されている文書、いわゆる「東寺百合文書《ひゃくごうもんじょ》」に記載されているおかげです。ここでいう「百合」とは、1685（貞享2）年に加賀藩藩主・前田綱紀が東寺文書を書写させてもらった謝礼として、文書の目録を作成し、桐箱100合を作って東寺に返還したことに由来します。現在ではこれら「百合文書」の多くがオンラインで読めるように整備されています（東寺百合文書ウェブサイトhttp://hyakugo.kyoto.jp/）。

現代ではこうした割符のような紙は電子の世界へ移行しました。インターネット上だけでなく、リアルな店舗での買い物にも使える、さまざまなキャッシュレスツールに姿を変え、世の中に定着してきました。

　特に日本より早くにモバイルペイメントが普及したとされる中国では、日本の「Ｓｕｉｃａ（スイカ）」のような非接触型のＩＣチップを使った決済技術が技術的にもコスト的にも広い国土に普及させるには使いづらかったことを受け、「ＱＲコード」を基幹技術に採用しました。このＱＲコードも、日本の自動車部品大手デンソーのグループ会社、デンソーウェーブが主体となって１９９４年に開発したものです。

　ＱＲコードは開発当初、バーコードでは情報量の増大に耐えられなくなったため、２次元コードとして情報量を増やすために編み出されました。２０１９年に25周年を迎えた技術は、おそらく開発した当初の想像を超えて、世界的なデファクト・スタンダート（事実上の標準）になったといえます。

　その背景の一つには、固定通信インフラの帯域容量が十分でなかった中国で、スマホを使って利用者を増やそうと「多くの人が共生できる社会」を、ＱＲコードを活用して追求したことがあるでしょう。それによって中国では、文字どおり万民が、支払いの形態を大きく変えるとともに、金融インフラの安定＝サステナビリティの向上につながったのです。

このように人間は、それぞれの時代の情勢に適合する形で「トラストのツール」や「トラストの醸成プロセス」を変化させながら、共生の範囲を維持・拡大しようと知恵を絞ってきました。人間は「予測可能性」を認識することにより、その予測が実現する際に生じるリスクを減らそうとする動物でもあります。

「トラスト」は、この予測可能性を支える一つの大きな要素だといえるのではないでしょうか。新見庄の例のように、トラストは「関係性の範囲」を規定するものでもあります。目に見える範囲（村）だけでトラストが成り立つ社会では、関係性の広がりも目に見える範囲にとどまりますが、契約をトラストの拠り所にできる社会になれば、その契約が適用される範囲でのトラストが成り立ち、関係性を有する共生社会の面積も拡大していきます。

一方で、契約にも厄介な面がないわけではありません。土地という物理的制約に縛られずに関係性の範囲を拡大してきたものの、契約を結ぶことによって「人間の行動は縛りつけられる」ことにもなりえます。契約が法的に大きな拘束力を持っている現代社会では、人間の行動には一定の制約＝抑止力が働くからです。つまり、「世の中でやってはいけないこと」を規定した契約（法律など）が我々の共生社会に内包（ビルトイン）されている状態です。

ひるがえって現代は、ＩＴを活用することで、社会全体の生産性を高めながら新たな付加価値を生み出し、それを享受する「デジタル社会」が目の前に現れつつあります。あらゆる行動のフリクション（障壁）が低下している結果、契約というツールで人間の行動を抑止・制限してきたトラストの軸は、ＩＴという新しいイノベーションがもたらしたツールによって、より強化されていく時代になり始めています。

つまり、ＩＴがない時代に新見庄から京都・東寺にまで年貢を納めるために用いられた「割符」というツールがトラストによって当時の関係性を支えたように、これからはＩＴという技術イノベーションによってもたらされるツールがトラストを支え、それが「共生社会の拠り所」になる時代になっていく可能性が示されています。

米国の神学者で、牧師でもあるラインホールド・ニーバー氏は、クリスチャンの聴衆を前に「変えられるものを変える勇気を」と説いてきた人物として同国では知られています。

人間は本来的に「現状維持バイアス」という、保守的でリスクをとりにくい気質を持ち合わせています。しかし、関係性の範囲を拡大して、より広がった共生社会を実現するためには、「時代とともに変化するイノベーションによって関係性を変える勇気を持つことが重要だ」とニーバー氏は主張します。

本書で提唱する「サステナベーション」とは、人間の歴史において脈々として受け継がれてきた、勇気を持って「共生社会の範囲を広げて持続させよう（＝サステナビリティを高めよう）とする人間の営み」について、これから予見される技術的なイノベーションを念頭に再定義を試みるものでもあります。

共生を持続させるための「三方よし」と「三方痛し」

「企業は世のため人のために存在する」——。

この考え方は、日本でCSR（企業の社会的責任）の原点になったといわれる石田梅岩や近江商人の「三方よし」の精神や、明治期に日本経済・産業の礎を作った渋沢栄一の「道徳経済合一説」などに読み取れます。

日本でも企業は、さまざまな社会課題を解決し克服することで利益を生み出し、より多くの人がより豊かに暮らしていける「共生の社会」を拡大し、それを持続させることで多くのステークホルダー（株主、社員、取引先、消費者など）の利得や生活を満足させてきたのはいうまでもありません。

そういう意味でも筆者は、日本には「サステナベーションを実現する素養がある」と思ってきました。

「二重の利を取り、甘き毒を喰《くら》ひ、自死するやうなこと多かるべし」

「実の（本当の）商人は、先も立、我も立つことを思うなり」

江戸時代に、商人・商家（今でいう企業）のあるべき姿や本質的な精神（哲学）を説いた石田梅岩（1685～1744年）。シンプルな言葉で商人（企業）のあるべき姿や社会的な責任について述べた思想家です。

その思想は営利活動を否定せず、倫理というよりむしろ「ビジネスの持続的発展（＝サステナビリティ）」の観点から、本業（商売）を通して社会的責任を果たしていくことを説いています。

筆者はここに、日本ならではの「サステナベーションの源流」があるのではないかと考えています。

なぜなら、寄付や援助など本業以外での「社会貢献」を活動の中心とする欧米企業のCSR的な考え方にはないものではないか、と思うからです。むしろ、国連が採択したSDGsが理想としている、企業活動を通じて持続可能な（サステナブルな）社会を追求していくという点では、石田梅岩の思想・発想の方が、より早くに本質をとらえていたのではないかと考えています。

石田梅岩は、企業が手がける本業を通じて社会にもたらしたトラスト（信用）こそが、社会経済の持続的な発展に欠かせないとしています。これは、ビジネスの持続的発展の観点から「本業」での社会的責任を説くものであり、「本業に対する社会のトラスト（『この企業があるおかげで社会がよくなっている』という信用）が、持続的な共生関係を維持・発展させていくために必要な視点」であると語っていたのです。

石田梅岩の教えとともに、日本での「CSRの原点」や「SDGsの先がけ」として江戸期における商人道の代表思想として語られるのが、近江商人が由来とされる「売り手よし、買い手よし、世間よし」の「三方よし」という考え方です。この近江商人こそ、

「社会からのトラスト（信用）」を第一にしなければ持続的な商いができなかった存在だともいえます。

近江商人は近江国（現在の滋賀県）を起点として諸国をあまねく行脚しながら、商いを行ってきた商人たちです。どの土地に行っても近江商人は、はじめはいわば「一見《いちげん》さん」の存在でありました。ですが、全国各地で仕入れた商品とともに、全国の新しい情報を届けることが各地に住む人々にとっての「トラスト（信用）」となっていきました。

それぞれの地域の人との交わりを深めていく中で、地元に根付く近江商人も多く現れました。その近江商人の末裔たちは我が国の産業界で多方面にわたって大きな企業群を作り上げています。

流通では西武鉄道をはじめとする西武グループや髙島屋が、商社では住友商事（住友財閥そのものも）や伊藤忠商事、丸紅などが、繊維では日清紡ホールディングス、東洋紡、東レ、ワコールなどが、製造業でもトヨタ自動車や武田薬品工業、ニチレイ（前身の帝国水産統制株式会社）などが、それぞれ近江商人系の創業一族に遡ることができるといわれています。

石田梅岩は儒教、仏教と神道を組み合わせて商売の道として思想をまとめ、それを

「石門心学」として集大成しました。これも、ごくごく簡単にまとめると「自分が一生懸命がんばる」ことが「社会のため」であり「人間の誇り」につながるという考え方です。

これはキリスト教の世界観とも違いますし、自分の家族・親類を中心に置く中国的な商売の発想とも異なる思想です。近江商人の「三方よし」という考え方も、企業を「社会の公器」として扱ってきた面があり、それゆえに日本には多くの長寿企業があるのではないでしょうか。

西暦578年に創業し、聖徳太子の時代から日本の寺社建築を手がけてきた金剛組（大阪市）は世界最古の企業といわれます。同社を筆頭に、創業年が705年の慶雲館（山梨県南巨摩郡早川町西山温泉）、同717年の古まん（兵庫県豊岡市城崎温泉）、同718年の法師（石川県小松市粟津温泉）といった、一級の老舗旅館が当代でも残っています。営業年数が長い企業の世界トップ10のうち、日本企業は実に7社を占めています。

このほかにも、日本にはたくさんの「超長寿企業」があります。一般社団法人100年経営研究機構（東京都渋谷区）によると、日本では2014年の時点で創業から

世界の老舗企業

順位	企業名	創業年	業種	国
1	金剛組	578	建設	日本
2	慶雲館	705	旅館・ホテル	日本
3	古まん	717	旅館・ホテル	日本
4	法師	718	旅館・ホテル	日本
5	源田紙業	771	紙業	日本
6	シュティフツケラー・ザンクト・ペーター	803	レストラン	オートリア
7	田中伊雅佛具店	885(頃)	仏具製造	日本
8	シャトー・ド・グーレーン	1000	ワイン製造	フランス
9	ポンティ・フィシア・フォンデリア・マリネッリ	1000	鋳造業	イタリア
10	佐勘	1009	旅館・ホテル	日本
11	朱宮神佛具店	1024	仏具製造	日本
12	ヴァイエンステファン	1040	ビール製造	ドイツ
13	ヴィエリチカ	1044	塩業	ポーランド
14	ヴェルテンブルガー	1050	ビール製造	ドイツ
15	アフリゲム	1074	ビール製造	ベルギー
16	ローテン ベーレン	1120	旅館・ホテル	ドイツ
17	タフェルネ	1123	旅館・ホテル	オーストリア
18	アーロルゼン	1131	ビール製造	ドイツ
19	アバディーンハーバー	1136	港湾業	イギリス
20	須藤本家	1141	酒造	日本

出典：社会実情データ図録（https://honkawa2.sakura.ne.jp/5408.html）を参考に筆者作成

100年超の企業が2万5000社あり、現在はさらに増えて3万社を超えたそうです。

「サステナビリティ＝持続性を維持することこそ、企業経営では大事である」として、事業家・ベンチャーキャピタリストの原丈人《はらじょうじ》氏が著書『21世紀の国富論』（平凡社）で著した「公益資本主義（Public Interest Capitalism）」が、米ハーバード・ビジネス・スクールなどで取り上げられ始めたのは2007〜08年前後のことでした。米国発のリーマン・ショックで有力企業ですらたくさん倒産したような荒波が全世界に波及した時代を経て、世界はようやく「三方よし」のような公益性のあるサステナビリティを重要視するようになったとも考えられます。

そして、持続性を実現するための技術革新＝イノベーションに大きな期待が集まっているのが、今現在の世界です。

筆者はNTTデータでメガバンク向け、クレジット会社向け、政府系金融機関向けのシステムなど、金融機関のシステム開発に長年携わってきました。

もちろん、発注者である企業とそこで働く人々、システムを利用する消費者や顧客の皆様、そしてシステム構築を手がける我々NTTデータにとって「売り手よし、買い手よし、世間よし」の「三方よし」を目指してきました。

　ただし、すべてのステークホルダーがそれぞれ100％満足できる利益やメリットを享受して三方が丸く収まるには、長く険しい道のりがあることも経験として知っています。かといって、利用者の利便性や使いやすさを損ねてしまっては、長期的には不満が積み重なって企業のブランディング的にもマイナスになります。

　プロジェクトリーダーとして仕事をした場合、常に「三方よし」を意識し、それを追求するのは当然のことです。ただ、もしどこかに無理が生じることが明らかになった場合、それぞれが少しずつ「我慢するポイント」をすり合わせることで、プロジェクトを前進させていく「三方痛し」というような、痛み分けの発想もありました。

　なお、古典落語には「三方一両損」という噺があります。左官の金太郎が3両を拾って落とし主である大工の吉五郎に届けたものの、吉五郎は「いったん落とした以上は他人のもの、江戸っ子は受け取れねぇ」と拒みます。拾った金太郎も「欲しくて届けたわけでない」と譲らない。そこで大岡越前守に訴え出たところ、越前守は自分の1両を足して、2両ずつを両人に渡し、3人（三方）が1両ずつ損にすることで解決した、というストーリーは落語ファンでなくともご存知かと思います。

　また実際の歴史をたどれば、三方が一見「損」をすることで領土問題が丸く収まった例もあります。しかも、それを実現したのは日本人でした。

1920年、当時発足したばかりの国際連盟で事務次長に就任した新渡戸稲造は、フィンランドとスウェーデンの中間にあるオーランド諸島の領有権をめぐる争いの裁定に関わりました。

両国の間にはバルト海がありますが、そこに位置する6700余の群島からなるオーランド諸島は、もともとフィンランドの領地でした。12世紀にスウェーデンがフィンランドを征服した後は、スウェーデン語を話すようになるなど同国への帰属意識が強かったそうです。しかし、1809年にスウェーデンがロシアとの戦争に負けるとフィンランドとともにロシアに割譲されることになりました。

その後、1917年にロシア革命が起こり、フィンランドはロシアから独立を果たしました。その際にオーランド諸島のスウェーデンへの帰属を求めて運動が巻き起こり、スウェーデンとフィンランドの間で領土問題が湧出したのです。

『武士道』の著作で知られ、5000円札紙幣の肖像画にもなった新渡戸は、国際連盟でこの問題を取り上げ、スウェーデン、フィンランド、そしてオーランド諸島が「それぞれ損」をするかに見える裁定を出しました。すなわち、「フィンランドはオーランド諸島の統治権を持つが、オーランド諸島の公用語はスウェーデン語なので、オーランド諸島の自治権を保証する」という判断です。そして、ロシア時代に対スウェーデンの要塞と化していたオーランド諸島は非武装・中立の地域とすることを提案。これが現在まで続いているのです。

スウェーデンはオーランド諸島の統治権を得られず、オーランド諸島もスウェーデンへの帰属は叶いませんでした。フィンランドも統治権は得たものの、オーランド諸島が自治権という独立国のような権利を持つことになったため、すべての望みが実現したわけではなかったのです。

三者とも損をしたかに見える裁定でしたが、これが地域の安定につながり、最終的にはみんなが納得する形で丸く収まったのです。今でもスウェーデン、フィンランド、オーランド諸島では「ニトベ（新渡戸）に感謝している」という人が多いそうです。

おそらく今後、サステナビリティを各分野で高度に実現していくためには、このような「痛み分け（我慢しながらもステークホルダー全員が『ウィンウィン』のような結論を迎えることができる発想）も重要になってくるかもしれないと、筆者は考えています。

日本的な「トラストの積み重ね」が生きるサステナベーション

三方が痛み分けとなる修正プランを実行に移しても、最終的に皆が満足できる水準で完成させるためには、お互いの信頼関係＝トラストが何よりも重要になります。

筆者はこれまで、ＩＴを使ったイノベーションがお互いの信頼関係につながったこと以上に、日本人としてごく常識的なことを重視してきたように思います。例を挙げると「納期を延ばしてもらったら次は絶対守る」「相手の立場を頭に入れ、早め早めに可能なこと、不可能なことを伝え合う」「食事なども共にしながら胸襟を開いて話ができる関係を築く」など、自分が自信を持って仕事を進めていけるようにする「小さなトラストの積み重ね」です。

そのため、サステナベーションの定義とは少し異なるかもしれません。ただ、発想の根本として、この小さな信頼の積み重ねをＩＴによるイノベーションが担っていける余地が、さまざまな分野で多くあると考えています。

全体の調和に配慮しながらも、納期や予算といった「約束」は守るという姿勢が日本人や日本企業の「美徳」だとすれば、それらを通じて日本企業が積み重ねてきたこれまでの技術力にも、世界からは「信頼感」を寄せられるのではないかと思うのです。日本で「減価償却済み」といわれるような技術資産を使って、世界規模でのサステナビリティを確保するのに本業を通じて貢献するような取り組みは、今後まだまだ多くの日本企業に広がっていくことでしょう。

特にエレクトロニクス業界では、ソニーやパナソニックが過去の技術資産を活用できる新たな発想の製品開発を支援するため、社内だけでなく社外にも門戸を開いています。そして、その企画した商品の実用化に向けてそれぞれ独自のクラウドファンディング・システムを用意し、資金を集めて製品化するなどの事例が多く出ています。

かつては、一つの製品に高品質な技術を盛り込むことでコスト高となり、中国や韓国などのメーカーに価格競争力で劣勢に立ち、ともすれば「ガラパゴス的な製品」と揶揄《やゆ》されるような事態も、日本企業にはあったかもしれません。

しかし、古くて使い慣れた技術をサステナベーションという観点でとらえ直し、サステナビリティの確保と共生社会の拡大に貢献していくという発想があれば、新たな地平が開けてくる可能性もあります。

そのためにも、新しい技術への研究投資や開発体制の構築を怠らず、また過去の技術遺産をサステナビリティの拡大に有効活用するという観点を持ちながら、日本企業はR&Dをサステナベーションの発想で見直す時期に来ているのだと、筆者は確信しています。

終　章

サステナベーションで日本企業は復活できる

「日本はこのまま経済大国の一角であり続けて繁栄を享受できるのか」

これは筆者だけではなく、多くの日本人が考えていることではないかと思います。平成の約30年間、日本は米国で勃興したＧＡＦＡのようなＩＴ業界をリードするグローバルな新ビジネスを生み出すことでは後塵を拝し、世界有数の競争力を誇った製造業でもエレクトロニクス分野では韓国、中国などの追い上げを受けて活力が失われたように見えます。

これから再び大きな成長に向かうのか、このままの状態が続くのか——。日本企業と日本人はまさに岐路に立っていると思います。

イノベーション不全をいかに解消していくか

「サステナベーション」という言葉を思いつき、それを1冊の書籍にまとめてみたいと筆者が考えた背景にも、「日本人と日本企業は、再成長に向けて今後どのような道を歩むべきか」という通底する問題意識がありました。

新しい時代・新しい世代が求めている「サステナビリティ＝持続可能性」と、そのサステナビリティの強化によって拡大していく共生社会（誰もが参加できる社会）の恩恵、それらをもたらす技術的イノベーションが、三位一体となって世界を変えていく。この新しい時代のイメージの本質部分をとらえる言葉として、「サステナビリティ」×「イノベーション」の造語である「サステナベーション」を着想しました。

特に日本は、サステナベーションを生み出す「体幹」となる技術イノベーションの厚い蓄積と、創業１００年を超える企業が３万社以上あるなど経営がサステナビリティを重視してきた風土があります。

国連のＳＤＧｓ（持続可能な開発目標）を見ると、日本にはまだまだサステナビリティで解決すべき分野が多くあるのは承知しています。それでも、自然を大切にして四季折々の美を楽しむことを重視し、自分が所属しているコミュニティを存続させるために尽力する傾向が強い日本人にとって、「サステナビリティは大切である」というのは誰に説得されずとも「自明の理」として心身に備わっている特質の一つではないかと筆者は考えるのです。

そこで、サステナベーション的な観点から今後の日本人と日本企業にとって挑戦すべき課題となるのが、イノベーションです。「サステナビリティの強化」と「共生社会の拡大」を生み出すという観点から、過去の蓄積も含めて技術的なイノベーションをどう生み出していくか。これが最重要課題になってくるのです。

繰り返しますが、日本人にとってサステナビリティの追求は、当たり前のことであり特質の一つだと思います。しかし、そのせいでイノベーションに対する取り組みが後れている、という面もあるかもしれません。イノベーションは、これまで「是」としてきた状況——社会のあり方だったり、経営のやり方だったりを、破壊することが時として必要になるからです。成功体験が強烈であればあるほど、それをもたらした方法論を捨てきれない、壊せないと思い込んでしまうものです。2020年1月に惜しくも亡くなられた経営学者のクレイトン・クリステンセン氏が提唱した「イノベーションのジレンマ」のようなものが、日本人は強い傾向があるのではないでしょうか。

NTTデータという会社に属している自分自身としても、新しいイノベーションをいかに取り込むかは重要な課題として認識せざるを得ません。しかしながら、安定した収益を生み出している既存の事業から、新しいイノベーションによって創出された事業にシフトしていくことは、時に難しい問題となります。多くの経営者が、破壊的なイノベーションは必要だと頭では理解しながらも、実行には頭を悩ませているのではないでしょうか。

ＮＴＴデータはＩＴを活用したサービスを中心に、比較的大規模な社会的インフラを作ってきた企業です。そのネットワークやシステムをしっかりと維持し、また向上させていくことが重要な使命ですが、イノベーションのサイクルが極めて早い事業分野でもあるため、新しい技術や発想を取り込んでいくことが欠かせません。そのため、「イノベーションのジレンマ」に近いようなことも起こる可能性があります。いかにバランスをとりながら従来のシステムにイノベーションを組み込んでいくかは、ＮＴＴデータにとって根本的な悩みでもあります。破壊的なイノベーションが起こってしまう場合には「できれば回避したい」という気持ちになってしまうのも、人間としてやはり仕方がないものではないかと思うのです。

しかし、ＮＴＴデータのビジネスは社会や顧客とのロングターム（長期）な関係を重視しているため、破壊的なイノベーションが起きても避けずに許容していかないと、将来的に顧客の不利益になってしまうケースも起こりえます。

過去に先輩たちが苦労して作り上げた技術やサービスの利得や収益が、失われてしまうかもしれない新しいイノベーションが出てくることも多いのです。しかし、そんな場合でもムダな抵抗をして新イノベーションを排除しようと試みるよりも、一緒にサービスをオーバーライト（上書き）し続けていこうと考えています。

ただ、破壊的なイノベーションを持続的に取り込むことは、たやすいことではありません。特に日本企業の場合、単発で利益を上げてしまえば終わりとは考えておらず、長く安定的に収益を上げ続けていきたいと願っていると思います。

個人的な見解になりますが、日本人は身近な人たちとの「和」の中で一緒に協力していこうという価値観を歴史的に持っている民族だと思っています。日本人には、お互いに気を遣い合いながら生きていく「共生」の意識があります。

一方で、他人や他社を意識しすぎることは横並び的な発想にもつながります。そのため、特に近年「日本ではイノベーションが起きにくくなっている」という指摘が増えているのではないでしょうか。社内でグローバル事業を担当することになって、海外の人々、特に欧米の人たちと話す機会が増えました。彼らとの会話を通じて気づいたのは、日本人を「ホモジニアス（均質的な同一性）である」と表現することが多いことです。

ホモジニアスだからこそ日本人は共生しやすい環境を生んできたのかもしれません。

しかし、グローバル化が広がっている現在、物理的な国家の壁は残っていても実際にはどの社会もバウンダリー（境界線）がなくなってきました。

世界が非常につながりやすくなった今、「ヘテロジニアス（異質、異種）」な中での自分の立ち位置を探し求めることも多くなってきました。現在の国境は過去の一時点での境目であって、歴史を振り返れば大陸内で移動を続けて折り重なるように生きてきた欧州人や、外からいろんな民族が移民としてやってきてユニークで新しい価値が生まれる米国と比べれば、日本はやはりホモジニアスに見えるでしょう。

その状況から、どうジャンプをして越えるのかが、日本人にとってのチャレンジになっているのかもしれません。日本人にはある面で「きまじめさ」「愚直さ」があって、現在のビジネス界では、株主を中心としたステークホルダーを満足させるために3年ごとに事業計画を立て、それを1年ずつどう達成し、四半期では何をすべきかと真面目に考え、やり抜いてきました。

もちろんこの姿勢を否定するものではありませんが、それでも日本の高度経済成長期にあった「あそび」や「余裕」が減ってしまったとも思えるのです。今では米国の企業人の方が「クォーター（四半期）ごとに数字を管理していても、本当に良いものは生まれません」と主張するようになっています。

日本でも、高度経済成長期は「まずは、やってみようじゃないか」と、良い意味での「あそび」を容認する風潮があったと思います。それが新しいものを生み出すことにつながった面もあったでしょう。以前は、大手の電機メーカーなどには「中央研究所」のような、中長期のテーマで基礎研究や技術開発に取り組んでいる組織が多くありました。その研究開発（R＆D）が成長ドライバーとなって新しいイノベーションを生み、事業を刷新していくことが当たり前でした。

ところが、バブルがはじけ、さまざまなグローバル・スタンダードの導入・定着とともに、株主を中心としたステークホルダーを重視する経営になっていくと、中長期のテーマを掲げて基礎研究から積み上げていく姿勢は失われていったのではないでしょうか。「この研究は実用的か」「役に立つのか」「利益につながるのか」という観点が重視されるようになったのです。

NTTグループも長い歴史の中で、さまざまな基礎研究を行ってきました。東京都武蔵野市に「NTT武蔵野研究開発センタ」というグループのR＆D拠点があります。

昔はそこへ行くと、ユニークな研究者がたくさんいました。自分の研究室の中に畳を敷いてコタツを持ち込み、神棚を取り付けて「最後は神頼みだよ！」と話すような〝奇人〟もいたのです。それが許される時代であり、環境にも恵まれていたのでしょう。そんな研究員が毎年何かしら大きな研究成果を出していたかといえば、そうではなかったかもしれません。しかし、研究所内にはそんな個性を許すような、懐の深い土壌があったことは間違いありません。

NTTグループのR＆Dにも、社会インフラや顧客サービスにつながる研究を重視しつつ、世界をリードする技術を生み出して社会や産業、学術の発展に貢献するという理念があります。約2500人の研究者が基礎研究をはじめ、事業会社のビジネス展開を支えるR＆Dまで、多様で幅広い研究を手がけてきました。

そこでは世界の考えやアイデアを取り入れたR＆Dが必要だという認識があり、さまざまな企業や大学、研究機関とのオープンイノベーションやコラボレーションを通じて、NTTグループの成長力の源泉となる新たな価値の創出につなげようとしています。

NTTグループは2019年7月に、米シリコンバレーの中心地であるパロアルトの近郊に「NTT Research, Inc.」という新しいR＆D会社を設立しました。米国にいる一線級の研究者らを招き、量子計算科学、暗号情報理論、生体情報処理のそれぞれに関する3つの研究所を新設しました。

NTT Research, Inc.はNTTの持ち株会社の下に置いたグループ全体の研究所です。日本だけで、またはグループだけで研究成果を抱え込むのではなく、どんどんオープンにしていくような研究所を目指しています。

その実現を目指す目標の一つが、NTTが2030年ごろに実用化したいと考えて推進している次世代コミュニケーション基盤構想「IOWN（Innovative Optical and Wireless Network）」です。このIOWN構想は、今のインターネットでは実現できない、新しいスマート社会の到来を思い描いています。具体的には、ネットワークからスマホのような端末まで、「エンド・トゥー・エンド（端から端まで）」で光化するという「オールフォトニクス・ネットワーク」の実用化です。

これを実現するためには、超低消費電力・高速信号処理の実現や、現実と同等以上の仮想世界と高度な予測技術の融合など、現状技術の延長では達成できないイノベーションが必要となってきます。そこで、NTT Research, Inc.を中心に、世界各国とのオープンイノベーションやコラボレーションが欠かせないと判断したのです。

日本人と日本企業が自らを変えるための視点

第1章の冒頭でも述べましたが、カナダのウィスラーで2019年11月に開催した「NTTデータサミット」では、各界の「未来」について語ることができる9人の知識人に、「歴史的にかつてないほどの豊か（Abundance）な今の世界がこれからどうなっていくのか」について講演をしていただきました。

登壇したある研究者は、科学的な解明はこれからといわれる老化やアンチエイジングについて研究していて、細胞レベルで損傷が進む結果として我々は老化すると主張し、「それを日常的に修復すれば1000歳まで生きることも可能だ」と話しました。

登壇者の皆さんは、ほとんど制約条件を持たずに物事を考える方ばかりでした。そうした環境の中で、さまざまに斬新なアイデアに共感して、それを回し続けることでさらに新しい知恵が生まれる世界があります。これがオープンイノベーションやコラボレーションの成果の一つであり、また多様性を重視するヘテロジニアスな考え方の面白さでもあるのではないかと筆者は思っています。

第1章でも触れた通り、新しい世代の人たちは、企業の発展メカニズム、それを実現するための人の行動についても、これまでの大人たちよりも、さらに多くの人とつながっていくことを前提としています。このY世代（ミレニアル世代）やZ世代の若者たちは「デジタル・ネイティブ」と呼ばれますが、単にスマホやインターネットを子どものころから使いこなしているというだけではなく、スマホを通してつながり合うことで見えてきた世界観を子どものころから持っているように思います。

マスメディアが情報の中心だったこれまでの時代ではありえなかったことが、現在では起こっています。時間と空間の制約を超えて多くの人とつながっていくのが当たり前になり、SNSなどでも不特定の人たちとつながることに違和感がない。そういう人たちが主役になっていく世界では、社会に対する考え方も変わっていくでしょう。それを前提に、企業などは物事を考えていくことが求められています。

なお、その若い世代は、生まれた時からVUCA（Volatility＝変動性、Uncertainty＝不確実性、Complexity＝複雑性、Ambiguity＝曖昧性）な世界に生きているといわれます。個人的には、先の見えない世界はまだまだ続いていき、今の混迷の時代を突き抜けても「次の新しい世界が待っている」とは考えにくいとみています。

しかし、その変化の先にこそ次のチャンスを見つけられるのではないか、とも考えています。大切なのは自分たちの「本質的な価値」がどこなのか——。変化に応じて対処法や経営を変えることは必要ですが、自分たちの持ちうるバリューの「根っこ」の部分を持続させることこそが、組織のサステナビリティにつながり、結果としてサステナブルな世の中を作り上げていくのではないか。それが筆者の考えです。

世界的プロジェクトでも必要になる「痛み分け」の発想

日本には世界最古級の長寿企業が多いということに第5章で触れました。最も長い歴史を持つ金剛組のケースをみても、これまでに何度も倒産の危機に直面し、事業体・組織体が変わったこともありました。

しかし、同社は宮大工の技術を守り、社寺仏閣を中心に造り続けてきました。現在から振り返ってみると、長く続いた歴史＝変わらないところにばかり光が当たるのは仕方がありませんが、実際には「変わってきたことでサービスを存続させてきたのが本当の姿」だとみています。

新しい時代になって、大阪城や名古屋城などもコンクリートを活用して強固なリフォームを施す事業にも携わりましたが、そこで経営が苦しくなって株主などが変わっても「本当の金剛組の価値はどこにあるか」を考えた結果、やはり社寺仏閣を造る宮大工の技術にあるのだと、根本の価値を見つめ直して復活し、サービスを継続することができたのです。

また、近江商人の「三方よし」などの重要性とともに、実際のプロジェクトを進めるうえでは、プロジェクトを構成する発注者、受注者、利用者らが我慢しながら痛みを分け合う「三方痛し」という、痛み分けの発想についても言及しました。

実際にさまざまなプロジェクトをやっていく際に、特にそれが国のインフラに関わるような大きなプロジェクトになればなるほど、何かしら制約条件が課されて困ったことになることがあります。

大規模で重要なプロジェクトゆえに逃げられない——。そんな時には「本当にやり切れるのか」を各ステークホルダーときちんと確かめ合って、お互いの立場で最後までふんばることで信頼しあえるようにすることが非常に重要です。

そこにお互いの信頼関係が必要なことは自明です。海外のプロジェクトでは語学も課題や障壁になりますが、こちらが考えていることを飾らずに率直に伝えることが重要ですし、その率直さを通じて醸成されるトラスト（信用）もあります。もちろん、それでも解消されない誤解は、海外の人が相手だと起こりがちではあります。ただ、その小さなトラスト（信用）の積み重ねがないと、大きなトラスト（信用）も生まれないですし、大きな喜びも得られません。

小さな約束をやり切ることで、ちょっとずつ信頼を積み重ねていく。それを繰り返すことで大きな信頼感、安心感に育てていき、大きなプロジェクトを達成する。こういったトラスト（信用）の獲得は日本だけでなく、海外の方と接するケースでも全く同じではないでしょうか。

「技術で世のために」プログラミングを学ぶ

グローバル担当役員として海外との接点が増えた筆者ですが、自身のキャリアはNTTに入社した後に分割されたNTTデータに移ってすぐに、米国へ留学したことが大きく関係しているかもしれません。

「技術を学んで世の中のために役立ちたい」――。

筆者が大学進学にあたって工学部を選び、今のNTTデータに就職したのは、そのような思いからでした。

兵庫県の新興住宅地の高台に育ち、まだまだ周囲にも残っている森で、昆虫採集などに夢中になっていた子ども時代を筆者は過ごしました。父は単身赴任で家を空けていることが多かったのですが、大手電機メーカー勤務で1964年に富士山頂に完成した富士山測候所の気象レーダー、通称「富士山レーダー」に通信システムを導入するためのエンジニアとして働いていました。作家の新田次郎氏が気象庁での勤務時代に建設に携わっていたこともあり、この国家プロジェクトはその後に小説『富士山頂』(文春文庫)に描かれ、映画化もされました。

こうした父の仕事が、筆者の中で「技術で世の中のために役立ちたい」との思いを強めた面はあったと思います。大学に合格して上京すると、当時普及し始めていた「ポケットコンピュータ」といった小さい電卓型コンピューターや、初期のパーソナルコンピューターでゲームなどのプログラミングを自ら打ち込み、動かすことに熱中しました。「プログラミングって、なんて面白いんだ」と〝開眼〟したことで、大学3年生からは工学部応用物理学科へと進み、ソフトウェアの中でも特にAIの研究分野を選びました。

工学部応用物理学科の中野馨助教授（当時）のゼミで研究したのは、機械学習アルゴリズムをロボットで表現する、というものでした。ピンポン玉を投げるロボットを自作し、そのロボットがより遠くへ玉を投げるように学習していく過程を研究したのです。

このロボットは、1号機はスプーンの上に乗せたピンポン玉をスナップで飛ばすというシンプルなものでした。しかし2号機になると、4本の脚と股関節があり、玉を挟むアームも備え付けてありました。

同じゼミから卒業後に大手の自動車会社に入社したN君と研究室に何日も泊まり込み、投げ方を学習していくAIがどこまでボールを飛ばしたかを計測し、投げる回数を経るごとにAIがより遠くへ飛ばせる方法を学んでいくのを見守るのですが、筆者の基本的な仕事は日に夜を継いでの「玉拾い」でした。

そんな日々の中、ロボットが「振りかぶってから投げた方が、ボールをより遠くへ飛ばせる」という動作を自ら覚えるなど、驚きの学習効果をみせたことを今でもよく覚えています。その研究をなんとか論文にまとめて卒業し、就職したのがまだ分割・民営化される直前のNTTでした。

NTT入社後、1980年代の後半になって日本国内で再びAIブームが起こり始めた時、社内に新設されたＡＩ関連部署に異動になりました。

その部署から出向で派遣されたのが、通産省（当時）所管の財団であった「新世代コンピュータ技術開発機構（ＩＣＯＴ）」でした。当時主流だったノイマン型コンピュータでは対応が難しいとされていた幅広い用途に対応できる高度のＡＩを担う、第5世代のコンピューターを開発する組織体でした。

そこでの経験を通じて、１９８９年から米国に留学する機会をいただきました。留学先は米東海岸にあるアイビーリーグと呼ばれる大学の一つにあるＭＢＡコースでした。当初は英語がほとんど付け焼き刃。筆者自身はコンピューター・サイエンスやＡＩしか学んだことがなかったため、ファイナンス（財務）、アカウンティング（会計）、マーケティングなど、それまでに全く聞いたことのない分野の授業は本当に難解でした。

初めてのアカウンティングの授業が終わって呆然としていると、隣にいた米国人が「今の授業で宿題が出たの、わかったか？」と話しかけてきました。当然のごとく、それを理解できているはずがありません。友人や同じ授業を受けている仲間に聞いたり教えてもらったりしながら毎日、分厚い宿題が出されると、図書館に行って夜中までリポートを書いていました。

当時は日本経済が勢いよく拡大していて国際的にも存在感を増していた時期で、それをよく思わない米国人もいました。「日米スーパーコンピューター（スパコン）戦争」のような摩擦があり、メディアを賑わせてもいました。そこである教授が、日米対抗のディベート（テーマを決めて賛成側・反対側に分かれて行う討論会）をしようと提案し、筆者が日本側のリーダーに指名されてしまいました。

もちろんインターネットなどない時代でしたから、資料を探すにも大変苦労しました し、米国内の図書館には日本の情報がほとんどありませんでした。そこで日本の友人や同期の仲間、時には専門家らにエア・メール（電子メールがなかったので航空便の手紙です）を何通も送り、それで得た情報で討論する内容を組み立てていきました。

プレゼンテーション能力はとても米国側のリーダーにはかないませんでしたが、当時のアメリカではほとんど知られていない事実も多く集め、ロジックを組み立ててプレゼンをすると、米国人を含む各国から来た留学生たちは「そうだったのか」と非常にフェアに評価してくれました。グローバルな世界できちんと論理立った主張をすることの大切さを、身をもって感じた貴重な体験でした。

この留学時代には同時に、工学修士（ＭＥ）も取得しました。このコースでは、夏にコンサルティングツアーと称した研修旅行がありました。教授が運転するワンボックスカーに乗って、米国各地の企業を訪問して実際にコンサルティングをしながら移動。報告書を書くと単位になる、というものでした。米国のMBAで教えている教授陣は企業経営者とも付き合いが深く、実際に経営に対する発言力や影響力も大きいものでした。

当時のエピソードとして思い出深いのが、ある地方の製氷機メーカーを訪問した時のことです。そこの経営者が、「君たち、宿泊先のホテルで『ホシザキ（愛知県豊明市に本社を置く日本の厨房機器大手）』というメーカーの製氷機を見つけたら、ライバル社だからコンセントを抜いておいてくれ！」と言うのです。

日本人の筆者はもちろん、他の学生たちも当然そんなことはしませんでしたが、半分冗談とはいえ「世の中には本当にいろんな価値観（？）があるのだな」と勉強になりましたし、この時期に体験したさまざまなことは自分自身にとても大きな影響を残し、世界と日本を考えるうえでの原体験となりました。

帰国してからは、R&Dの道へ進むことも選択肢としては考えましたが、MBAコースで米国各地の企業を回った経験から「実業をやってみたい」と思うようになり、以後は実際に金融システムを作っていく部門に進むことになりました。

次の世代に必要な「実体験での失敗の積み重ね」

留学を終えて日本に帰国してからは、金融機関向けのシステム開発部門に配属となりました。参画したプロジェクトで強く印象に残っているのが、ある大手都市銀行向けのデリバティブ取引システムを構築する仕事でした。

それは東京のほか、米ニューヨーク、英ロンドンの3極をつなぎ、24時間態勢で全世界の取引を把握・管理できるネットワークシステムです。1993年にプロジェクトがスタートし、筆者が参加したのは94年でしたが、当時としても非常に壮大かつ野心的なプロジェクトで、極めてチャレンジングな仕事の一つでした。まだ珍しかったオブジェクト指向プログラミング（部品を組み立てる手法を導入して複雑なソフト開発の生産性を大幅に向上させる技術）を導入して開発を行います。

世の中に米マイクロソフト社のパソコン向けOS（基本ソフト）「ウィンドウズ95」が登場する前の時期で、開発を始めた当初はメールすらもそれほど普及しておらず、プロジェクトチームとしても社内ではなく外部のインターネットプロバイダーと契約して自分たちでメールサーバーをたてて、ニューヨークやロンドンの開発チームとやり取りするなど、さまざまな新しい取り組みをチーム自らが生み出していく、ある種の熱量がありました。

そうして1996年にシステムが稼働するまで、何度もお客様と苦労を重ねながら前に進んでいきました。昔の話をすると、今の若い人たちは「時代が違う」と思うかもしれませんが、そうした困難な経験を通してチーム全体が育つ、人が育つという面があり、やはりお客様に鍛えていただいたのだなと、今となって改めて実感しています。当時は課長や課長代理がこうしたプロジェクトを差配することが多かったので、そういう面でも若手が鍛えられる結果になったと思います。

新しい世代の若い人たちがこれからの時代を引っ張っていく時にも、いかにさまざまな体験を積み重ねるかは非常に重要なポイントになります。若い人たちの世代にバトンを渡す時に、リアルな体験をしてもらうことは極めて大切で、かつ不可欠なことだと思います。時間や空間の制約なく不特定多数の人とつながれるようになった時代だからこそ、実際の人間や物事に触れるプロジェクトなどを通じて、トラスト（信用）を積み重ねていく体験をたくさんしてもらい、多くの失敗と成功を経験していくべきでしょう。

企業であれば「組織の根本的な価値」として若い世代にきちんと伝えていくことが大

切です。その根本的な価値こそが、個人が、企業が、国がサステナブルであろうとするうえで重要になるのではないでしょうか。

筆者が若いころは、とてもいい意味で、非常に「いい加減」に放ったらかしにされていた面が多分にあったでしょう。自分でやりたいようにやらせてもらえたことで、得られたものは数えきれません。また上司やその上の経営者も、今よりもっと胆力があったように思います。

若手が成長することができるチャンスを摘んでしまうようなことがないように、これからは組織としても注意を払っていくことが重要になります。機会を見つけてショートタームで評価し、少しずつ失敗を体験させ、それを積み重ねてもらうチャンスを与えていくことが、これからは必要になるでしょう。イノベーションは、そうした小さな失敗の積み重ねから生まれることが多いと筆者は考えています。

また、トラスト（信用）を重視するためにも、開発の過程で起こった若手メンバーからあがってきた困りごとについてもお客様に正直にお知らせするようにしています。例えば、「ここまでシステムに取り込んで複雑になると、ひょっとすると、後でかえってどこかに不具合が出るのでは」といった懸念です。これはお客様にもしっかりとお伝えします。すると、「その程度のことだったら、こちらが人間サイドでできることはやりますよ」と言っていただけることもあります。

そうしてお客様と一緒に作り上げていったプロジェクトは、かえって後々まで素晴らしく品質のよい出来栄えのものになり、お客様にも喜んでもらえることの方が多いというのが実感としてあります。

それだけでなく、若手が心血を注いで不具合やトラブルを解決し、復旧に向けてプロジェクトを納期どおりに完了させられるよう力を尽くすことによって、お客様に鍛えていただくという面もあるのです。もちろん、お客様はそんな視点を持ってＮＴＴデータの社員を育てようなどとは思っていないでしょう。しかし、困りごとを共に解決し、苦労を分かち合ったお客様とは、一緒にプロジェクトを遂行した同志というか、〝戦友〟のような関係性になれることが我々の仕事の醍醐味かもしれません。

そういう体験を、若い世代の人たちにもっとしていただけたら、もっとイノベーションを起こせるような組織になるのではないかと考えています。

発展したAIが迎えるシンギュラリティの時代に

ITの将来について考える時、2045年には「シンギュラリティ（技術的特異点）」を迎えるという話題がよく出てきます。このシンギュラリティというのは、AIが自己フィードバックで改良、高度化した技術や知能を高めていった結果、「人類に代わって文明の進歩の主役になる時点のこと」といわれることがあります。

米国の未来学者レイ・カーツワイルが2005年に出版した『The Singularity is Near』（邦題『ポスト・ヒューマン誕生』日本放送出版協会）には、「When Humans Transcend Biology（人類が生物を超える時）」という副題がついています。邦訳書では、「コンピュータが人類の知性を超えるとき」となっていますが、「人間が生物として新しい段階に進んだ時には」ということが趣旨だともとれます。

筆者が大学時代に学んだ甘利俊一先生（東京大学名誉教授、2019年に文化勲章受章）は、2016年に『脳・心・人工知能　数理で脳を解き明かす』（講談社ブルーバックス）という本を出版されました。

当時も今も変わらず、「脳を解明することは、人間の持つ心を解明すること」と、甘利先生は指摘されておられます。コンピューターは今後、情報処理能力では人間の持つ能力をはるかに超えるでしょうし、現在人々が就いているさまざまな職業においてコンピューターが人間に取って代わることもあるでしょう。しかし、AIが今の技術的発展の延長線上にあるとして、はたしてコンピューターは「心」を持ちうるのだろうか、と個人的には思ってしまいます。

心の解明は非常に難しく、心は発達した脳をさらにもう一段超えた世界にあるのではないでしょうか。あまりその話題に入り込むと神学論争的になってきますが、筆者自身は、シンギュラリティは恐れるものではないと考えています。

シンギュラリティの時代が到来して多くの仕事から人間が解放されるような世の中が到来したとしても、イノベーションを次々と生み出すことで多くの人が「共生」できる社会を広げ、地球規模でサステナビリティを高めていくことは、新しい時代を生きていく若い世代にとっての福音になりえます。国連のSDGsがグローバル・アジェンダとなった現在、社会的な課題を解決するためのイノベーションは、今後も確実に全世界で求められるようになるでしょう。

SDGsを実現するに至るまでのプロセスで、我々人間が、また企業が、考え方を変えうるための指針になりうるのが「サステナベーション」であると筆者は考えています。サステナビリティとは「何も変えずに守ること」ではありません。日本に多い長寿企業の話でも触れましたが、「変わらない価値を持ち続ける」こともサステナビリティであると意識しながら、「自分自身を変化させ続けることで社会的な価値を提供する存在となること」。これが真の意味でのサステナビリティだと思います。

それを実現する羅針盤となるのが、「サステナベーション」という新しい視座であってほしいと祈念しています。

おわりに

本書の執筆が最終稿にさしかかったころ、新型コロナウイルス感染症が世界中に広がり、人々の健康や経済活動に大きな影響を与える日々が続きました。各国で感染者が増え続け、「オーバーシュート」や「ロックダウン」という、これまで聞き慣れなかった単語がメディアなどで多く使われるようになりました。

このウイルスはアジアから欧州・北米・中南米・アフリカと世界各地へ瞬く間に広がりました。そのスピードは我々の想像をはるかに超えるものであり、この流れを食い止めるため、国と国の間、あるいは国の中、都市の中でも人々の往来を制限せざるをえない事態となっています。

この被害は人々の健康に関する問題だけでなく、国をまたいだサプライチェーンにも広がり、生産活動に計り知れない影響をもたらしています。人々の生活やビジネスが、どれほど世界中とつながっているのか、経済活動がいかに綿密に国や都市の間でつながっているのかということを、そのネットワークが寸断されて改めて強く認識された方も多いかと思います。

一方で、マスクや消毒用アルコール、あるいは医療機器が不足する中、世界中の個人や企業が立ち上がりました。厳しい環境の中で懸命に治療にあたる医師や看護師をはじめとする医療従事者の皆さん、手作りで数百ものマスクを作った子どもたち、また多くの企業がこれまで培ってきた技術を、ウイルスの予防や治療に活かす取り組みを行っています。

マスクの大量製造に取り組んだ日本の家電メーカー、香水や化粧品の生産ラインを活かして消毒用アルコールの供給を行った欧州のコングロマリット、さらにはその生産ノウハウを活かして人工呼吸器の製造に取り組んだ日・欧・米の自動車メーカーなど、本書でも紹介した長年企業が培ってきた技術を、社会のために活かすという動きが危機的な状況の中で広がっていきました。

企業が持っているイノベーションのポテンシャルや、社会的な意識の高さを活用する。もちろん、ビジネス機会をとらえたという観点もあるかと思いますが、企業が自身の事業領域での強みを活かして、世の中の持続性に貢献するという意味では、ＳＤＧｓの考え方に沿った動きといえるかと思います。

人間以外の動物にも広がる可能性があるといわれるウイルスとの戦いの中で、我々は地球レベルでのサステナビリティに挑んでいます。「サステナビリティ＝共に生きる」ということを、ウイルスという共通の敵を前にし、危機を通して我々自身がさらに強くなり、一つになることで実現していくしかありません。

読者の方々が本書を手に取られるころには、このウイルスとの戦いに一定の目処が見え始めていることを、心から願っております。

イノベーションとは、この言葉を世に送り出したヨーゼフ・シュンペーターの定義によると、「経済活動の中で生産手段や資源、労働力などをそれまでとは異なる仕方で新結合すること。既存の資産を、見方を変えて新たな組み合わせを考えて、価値を生み出すこと」です。これに照らせば、先に述べた既存技術の医療機器への活用などは、単なる技術流用ではなく、イノベーションであり、まさに「サステナベーション」そのものではないでしょうか。

本文でも示したとおり、サステナビリティは、決して静的なものではなく、常に変化し続けることで永続性を確保するものだと思います。それをイノベーションを通して実現し、困難を乗り越え、未来に「サステナベーション」のバトンを着実に渡していくことができれば、と願っております。

最後になりましたが、本書を上梓するにあたって多くの同僚や協力者の支援を仰ぎました。データ解析をはじめとして多様な経営的視点を授けていただいたｕｎｅｒｒｙ代表取締役社長の内山英俊氏、文章の構成と編集を担当していただいたＭｉｋａｗａ＆Ｃｏ．代表の三河主門氏、そして出版に際して全面的なサポートとご尽力をいただいた日経ＢＰ日本経済新聞出版本部の石橋廣紀氏、ＮＴＴデータ金融事業推進部デジタル戦略推進部長の山本英生氏とデジタル戦略推進部の皆さん、本書の発行についてのプロジェクトを率いていただいた金融事業推進部部長の石川普美子氏、各種情報や事例の取りまとめでご尽力いただいたＮＴＴデータ経営研究所の村岡元司氏と大河原久和氏に、心からの感謝を表します。

２０２０年５月

藤原　遠

〈参考文献〉

ティム・ウー（2012）『マスタースイッチ　「正しい独裁者」を模索するアメリカ』飛鳥新社
ピーター・H・ディアマンディス、スティーブン・コトラー（2015）『ボールド　突き抜ける力』日経BP社
原丈人（2007）『21世紀の国富論』平凡社
原丈人（2017）『「公益」資本主義　英米型資本主義の終焉』文春新書
レイ・カーツワイル（2007）『ポスト・ヒューマン誕生　コンピュータが人類の知性を超えるとき』日本放送出版協会
クレイトン・クリステンセン（2000）『イノベーションのジレンマ　技術革新が巨大企業を滅ぼすとき』翔泳社
ムハマド・ユヌス（2008）『貧困のない世界を創る　ソーシャル・ビジネスと新しい資本主義』早川書房
ムハマド・ユヌス（2018）『3つのゼロの世界　貧困0・失業0・CO_2排出0の新たな経済』早川書房
グロービス経営大学院（2014）『創業三〇〇年の長寿企業はなぜ栄え続けるのか』東洋経済新報社
海老澤衷、高橋敏子編（2014）『中世荘園の環境・構造と地域社会　備中国新見荘をひらく』勉誠出版
スピーチ研究会編（2017）『秘密を教えよう！　始めるまでは誰にも理解されない。』

Facebook創業者マーク・ザッカーバーグ　ハーバード大学卒業式スピーチ全文【対訳版】』ゴマブックス
スコット・ギャロウェイ（2018）『the four GAFA 四騎士が創り変えた世界』東洋経済新報社
廉薇、辺慧、蘇向輝、曹鵬程（2019）『アントフィナンシャル 1匹のアリがつくる新金融エコシステム』みすず書房
ブレット・キング（2019）『BANK4・0 未来の銀行』東洋経済新報社
日本経済団体連合会（2020）『2020年版 経営労働政策特別委員会報告』経団連出版
橘川武郎（2019）『イノベーションの歴史　日本の革新的企業家群像』有斐閣
橘川武郎（2018）『ゼロからわかる日本経営史』日経文庫
日本経済新聞社編（2010）『200年企業』日経ビジネス人文庫
日経コンピュータ編（2015）『FinTech革命　テクノロジーが溶かす金融の常識』日経BPムック
村上芽、渡辺珠子（2019）『SDGs入門』日経文庫
新井宏征「SDGsをバックアップする技術イノベーション」（インプレスSmartGridニューズレター2019年12月号）
神里達博「情報技術におけるELSIの可能性」（情報管理2016 vol.58 no.12）
Kabe Y, et al.「Development of a Highly Sensitive Device for Counting the Number of Disease-Specific Exosomes in Human Sera」（学術論文、2018年）
総務省 平成27年版 情報通信白書「アフリカの『モバイル革命』」

https://www.soumu.go.jp/johotsusintokei/whitepaper/ja/h27/html/nc123130.html
経済産業省 第２回ＳＤＧｓ経営／ＥＳＧ投資研究会「最先端ＦｉｎＴｅｃｈとＩｏＴによる真に必要とされる社会創造に向けて」（２０１８年12月19日）
https://www.meti.go.jp/shingikai/economy/sdgs_esg/pdf/002_05_00.pdf
TECHACADEMY magazine「過去１６０年間の情報技術の歴史から見る！インターネットの変遷とは」（２０１７年５月11日）
https://techacademy.jp/magazine/12159
Leanne Kemp「未来がより包括的で透明性の高いイノベーションにかかっている理由」
https://jp.weforum.org/agenda/2020/02/gayori-de-no-iinobe-shonnikakatteiru/
松岡智代、矢野勝治「ＪＶＣケンウッドが社外との共創で成果を出せた理由」（Open Innovation Japan 2019.9.19）
https://jbpress.ismedia.jp/articles/-/57629?page=1
東寺百合文書ウェブサイト
http://hyakugo.kyoto.jp/
DBS「SUSTAINABLE DIGITAL FINANCE IN ASIA:Creating Environmental Impact through Bank Transformation」
https://www.dbs.com/iwov-resources/images/sustainability/reports/Sustainable%20Digital%20Finance%20in%20Asia_FINAL_22.pdf
Bank of England「FUTURE OF FINANCE:REVIEW ON THE OUTLOOK FOR THE UK FINANCIAL SYSTEM: WHAT IT MEANS FOR THE BANK OF ENGLAND」（2019.6）

https://www.bankofengland.co.uk/-/media/boe/files/report/2019/future-of-finance-report.pdf?la=en&hash=59CEFAEF01C71AA551E7182262E933A699E952FC

英国デジタル・文化・メディア・スポーツ省（Ministry of Department for Digital, Culture, Media and Sport）「DATA MOBILITY:The personal data portability growth opportunity for the UK economy 2018」（２０１８年11月19日）

https://www.gov.uk/government/publications/research-on-data-portability

U-Solar programme in Singapore

https://www.uobgroup.com/u-solar-sg/index.page

藤原 遠（ふじわら・とおし）
株式会社NTTデータ代表取締役副社長執行役員
1961年、兵庫県生まれ。85年、東京大学工学部卒、日本電信電話株式会社入社。88年、分社に伴いNTTデータ通信株式会社へ。その後、銀行・保険・決済インフラ等の金融分野事業に一貫して携わり、2014年執行役員第四金融事業本部長。15年、執行役員第一金融事業本部長、17年、取締役常務執行役員金融分野担当を歴任し、18年6月より現職、金融分野・欧米分野・グローバルマーケティング担当。米国コーネル大学経営学修士（MBA）・工学修士（ME）。

サステナベーション
sustainability × innovation
多様性時代における企業の羅針盤

2020年6月8日　1版1刷

著　者　藤原遠
©NTT DATA Corporation, 2020
発行者　白石　賢
発　行　日経BP
日本経済新聞出版本部
発　売　日経BPマーケティング
〒105-8308　東京都港区虎ノ門4-3-12
DTP　マーリンクレイン
印刷・製本　シナノ印刷
ISBN978-4-532-32349-3

Printed in Japan